아이와 교감하고 싶은 부모에게 필요한
육아감각

한 그루의 나무가 모여 푸른 숲을 이루듯이
청림의 책들은 삶을 풍요롭게 합니다.

아이와
교감하고 싶은
부모에게
필요한

육아감각

백종화 지음

청림Life

Prologue

아이와 교감하며
행복한 육아를 시작하세요

육아의 시작점은 개인마다 다릅니다. 임신 단계부터 어려움을 겪고 출산에 이르기까지 이루 말할 수 없는 고생을 한 엄마 아빠들이 많을 것입니다. 진심으로 애썼다고 말하면서 감싸 안고 위로해 주고 싶습니다. 반면에 임신부터 출산까지 수월했던 엄마 아빠도 있을 것입니다. 그럼에도 출산까지 엄마 아빠가 치러야 했던 수고는 아주 특별하기에 역시 뜨거운 박수를 보냅니다.

임신과 출산의 긴 여정을 지나 마침내 엄마 아빠는 '육아나라'에 입성하셨습니다. 지금까지 한 번도 겪어보지 못한 일을 혼자서 해내야 하는 순간들이 많아질 것입니다. 게다가 노력만 해서 되는 일이 아니라는 막막함이 엄마 아빠를 한없이 두렵고 지치게 할지도 모릅니다. 그래서 번 아웃되기도 합니다. 하지만 육아를 아주 행복하게 해내는 경우도 많습니다. 육아의 어려움을 잘 극복하여 최고의 행복을 맛보면서 아이와 함께 엄마 아빠도 성장해가는 모습을 봅니다.

지금 어떤 상황에 있건 중요한 것은 앞으로의 육아입니다. 이제껏 알 수 없는 이유로 막막하고 답답한 육아를 했었다면, 지금부터 이 책에서 말하는 '교감육아'를 주목해보세요. 교감육아는 여러분이 행복한 육아를 할 수 있도록 도울 것입니다. 아이는 엄마 아빠의 행복한 육아를 통해 사랑스럽고 자랑스러운 아이로 성장하게 되겠지요.

교감육아는 말 그대로 부모와 아이가 하나가 된 것 같이 호흡이 척척 맞는 육아를 말합니다. 부모와 아이가 호흡을 맞추어 서로 교감한다고 생각해보세요. 이보다 더 행복한 육아가 있을까요? 교감육아가 자리를 잡으면 엄마는 육아로 인해 번 아웃되지 않고, 육아가 낯설기만 했던 아빠가 육아에 관심을 보이게 되며, 아이는 행복하고 건강하게 자라게 됩니다. 인간은 본능적으로 교감의 욕구가 있고, 그 욕구가 채워졌을 때에서야 비로소 스스로 성장하기 때문입니다. 교감은 인간의 자연스럽고 진정한 상호작용으로 한 생명을 살리고 성장시키는 데 매우 중요한 역할을 합니다.

교감은 "아! 그렇구나. 그런 것이었구나." 하고 느끼는 것에서 시작됩니다. 그래서 이 책을 읽을 때는 눈으로 급하게 읽기보다는, 마음으로 천천히 읽으면서 가슴에 스며들게 하는 것이 좋습니다. 차를 마시듯 천천히 읽어주세요. 육아가 어려운 부모, 초보 부모, 출산을 준비하는 미래의 예비 부모 모두가 아이를 사랑하는 마음으로 깊이 생각하고, 천천히 느끼고, 바르게 배워나가기를 바랍니다. 서로의 얼굴을 직접 보지는 못하지만, 어딘가에서 나와 동일하게 울면서 열심히 육아를 하고 있을 엄마 아빠를 생각하며 위로를 받으세요.

이 책은 절박한 마음에 멀리서 아이를 안고 달려온 세 아이 엄마의 눈물에서 시작되었습니다. "선생님, 정말 아이를 어떻게 키워야 할지 잘 모르겠어요. 잘하려고 하는데 점점 더 어긋나고 있는 것 같아요. 이젠 더 이상 제가 할 수 있는 것이 없어요."라며 눈물을 줄줄 흘리던 엄마의 말이 정말 진하게 가슴을 뚫고 들어왔습니다. 세 아이의 엄마에게서 들어야 했던 가슴 아픈 육아 이야기는 고통이었습니다. 그리고 진짜 도움이 되는 육아서를 써야겠다고 마음먹었습니다. 그래서 아주 오랜 시간을 걸쳐 이 책을 완성했습니다. 이 책을 쓰면서 육아로 고통스러워하는 엄마들 생각에 저도 많이 울었습니다. '행복해야 할 육아가 왜 고통이 되는 걸까?' '사랑하는 아이를 키우는 일이 왜 이리 힘겹고 슬픈 일이 되는 걸까?'

수년을 고민하며 써왔습니다. 몇 번을 완전히 바꾸고 고치면서 말이지요. 수많은 육아서가 있는데, 내가 쓰는 육아서는 엄마 아빠와 아이들에게 어떤 도움이 되어야 할까? 말 못하는 아이들에게 진정으로 필요한 육아서는 어떤 것일까? 수없이 고민하고, 생각하고, 느끼고, 관찰했습니다. 상담실과 방송현장에서 만난 수많은 엄마 아빠 그리고 아이들의 마음을 읽으려고 애쓰고 노력했습니다. 그리고 마침내 이 책을 출산의 마음으로 세상에 내놓습니다. 그래서 이 책은 두 아들의 동생, 나의 늦둥이 셋째 딸이 될 것 같습니다.

이 책을 통해서 엄마 아빠에게 육아의 기쁨과 용기가 전달되고, 수월하게 아이를 키울 수 있는 '육아감각'이 자연스럽게 살아나기를 간절히 기대해봅니다. 그래서 부모와 아이가 함께 호흡하고 즐겁게 춤추며 물감이 물에 스며들 듯 서로에게 깊게 스며들었으면 좋겠습니다.

부디 이 책을 읽으며 육아를 통해 보살핌의 아름다운 본능을 꽃

피우기 바랍니다. 이제는 아이를 키우면서 갈망했던 행복한 엄마 아빠의 모습을 마음 속 깊은 곳에서 다시 찾아보세요. 그리고 내 안에 잠재되어 있던 육아감각을 깨워보세요. 여러분은 세상에서 가장 행복한 육아를 시작하게 될 것입니다. 세상의 모든 부모와 아이를 축복합니다.

백종화

CONTENTS

Prologue　아이와 교감하며 행복한 육아를 시작하세요　　　　　5

PART 1　모든 부모에게 필요한 육아감각

1. 부모의 육아감각 미리 준비해요

01 부모에게 육아감각이 필요해요
좋은 부모가 되기로 마음먹어요　　　　　　　　　21
부모의 육아감각은 눈과 귀에서 출발해요　　　　25
눈으로 아이의 마음을 읽어주세요　　　　　　　27
귀로 아이의 마음을 읽어주세요　　　　　　　　30

02 아이에게는 행복육아가 필요해요
아이의 행복 감각을 만들어주세요　　　　　　　35
아이의 행복 능력을 키워주세요　　　　　　　　38

03 아이의 행동을 수용해주세요
열린 마음으로 다가가기 위한 5가지 방법　　　　43
사랑이 우선이에요　　　　　　　　　　　　　　45
● 이럴 때 교감육아 어떻게 해야 하나요?　　　　47

2. 아이와 마음을 나누는 교감육아

01 아이는 부모와 교감을 원해요
부모의 공감능력이 필요해요 … 55
아이의 마음을 먼저 생각해주세요 … 57
아이가 먹고 자는 순간을 관찰해요 … 59

02 아이의 교감 능력을 키워주세요
교감 능력이 중요해요 … 63
정확한 표정으로 반응해주세요 … 66
같은 곳을 바라보며 교감해요 … 70
눈높이를 맞추며 함께해요 … 74

03 아이의 소통 능력을 키워주세요
소통 능력이 뇌를 성장시켜요 … 78
소통 능력으로 정서적 메시지를 주고받아요 … 81
소통 능력으로 다양한 상호작용이 가능해져요 … 83
부모-아이-사물 3자적 상호작용 놀이 … 86
● 아이의 교감 능력을 높이는 '표상 놀이와 조망수용 놀이' … 91
● 아이의 교감 능력을 높이는 '언어, 노래, 그림 놀이' … 95

PART 2 육아감각을 키우는 아이 발달 이해

1. 신체적 성장 발달을 이해해요

01 월령과 연령의 참 의미는 무엇일까요?
아이의 성장 과정을 이해해요 … 103

	발달 흐름에 맞게 양육 목표를 세워보세요	105
	적절한 발달자극을 해주세요	107

02 차근차근 아이의 발달속도를 따라가요
태어나서 8개월까지	111
8개월부터 24개월까지	114
24개월부터 36개월까지	117
36개월부터 72개월까지	120

03 운동 발달은 왜 중요할까요?
아이의 모든 발달의 기초가 돼요	123
아이가 힘을 키우는 운동을 해요	125
대근육과 소근육을 발달시켜요	128
● 우리아이 일주일 신체 건강 검진표	132

2. 정신적 성장 발달을 이해해요

01 감각 발달이란 무엇일까요?
감각 발달의 기초를 이해해요	139
시각은 어떻게 발달할까요?	142
청각은 어떻게 발달할까요?	145
촉각은 어떻게 발달할까요?	148
후각은 어떻게 발달할까요?	152
미각은 어떻게 발달할까요?	154
통합감각은 어떻게 발달할까요?	156

02 아이의 뇌는 어떻게 발달할까요?
아이의 뇌 발달을 이해해요	161
아이의 뇌는 쉼 없이 성장해요	163

| | 뇌 발달을 위해 다양한 자극을 주세요 | **166** |

03 아이의 언어는 어떻게 발달할까요?
	아이의 옹알이에 반응해주세요	**169**
	아이가 어휘를 익힐 수 있게 도와주세요	**174**
	언어 발달 과정을 알아두세요	**178**

04 아이의 인지와 사회성은 어떻게 발달할까요?
	아이의 생각이 자라나요	**181**
	아이의 사회성이 자라나요	**185**
	단계적 상호작용이 필요해요	**187**

05 아이의 정서는 어떻게 발달할까요?
	아이의 정서 발달을 이해해요	**190**
	아이의 정서에 충분히 공감해주세요	**192**
	정서의 분화 과정을 촉진해주세요	**195**
	감정 그림으로 정서 발달을 도와주세요	**198**

06 울음, 수면, 수유, 애착으로 발달 체크가 가능한가요?
	아이의 울음을 잘 들어보세요	**206**
	아이의 수면의 질을 높여주세요	**210**
	수유를 하며 아이와 교감해요	**216**
	아이와 자연스럽게 애착을 형성해요	**217**
	부모의 애착 유형은 어떤가요?	**223**
	● 아이와 안정애착을 형성하는 부모의 특징	**228**

PART 3 교감육아로 소중한 기억과 습관 만들기

1. 평생 남을 기억이 자리 잡아요

01 아이는 어린 시절을 어떻게 기억할까요?
부모의 육아감각이 아이에게 행복을 선물해요   235
마음에 상처주는 행동을 피해요   237
긍정적 정서 경험은 반드시 필요해요   243

02 아이에게 '집'은 어떤 추억을 선물할까요?
사소한 물건도 평생 기억에 남아요   246
놀이터이자 안식처를 만들어주세요   248
부모와 아이 함께 노래해요   250

03 아이는 '놀이터'에서 어떤 추억을 만들어 갈까요?
아이는 놀이터에서 세상을 만나요   254
친구의 집에서 추억을 만들어요   256
편안하고 행복한 공간으로 만들어요   257

04 아이에게 '유치원'은 어떤 추억으로 남을까요?
행복한 추억의 장소가 되게 해요   260
선생님과의 관계는 평생 기억돼요   263
아이와 행사와 모임에 참여하세요   265
아이에게 에피소드가 필요해요   268

05 아이는 '여행'을 통해 어떤 추억을 남길까요?
여행할 때 세 가지를 주의해요   270
• 아이에게 좋은 기억을 만들어줄 20가지 방법   276

2. 평생 남을 좋은 습관을 키워주어요

01 좋은 습관을 키우려면 자기조절력이 필요해요
자기조절력은 무엇일까요?   281
자기조절력은 어떻게 발달할까요?   283

02 아이의 욕구와 감정을 잘 알아야 해요
아이의 욕구를 건강하게 키워주세요   286
기본욕구가 안전하게 충족되어야 해요   289
엄마도 아이도 편안하게 먹어야 해요   290
생후 1년의 수면습관이 중요해요   295

03 올바른 양육환경이 중요해요
'스스로 생활습관'을 만들어주세요   300
아이의 행동은 부모의 행동을 비추는 거울이에요   303
다양한 경험으로 아이의 감정을 성장시켜주세요   305

04 아이의 나쁜 습관을 어떻게 바로잡을까요?
갑자기 문제행동을 시작해요   309
심하게 떼쓰며 울어요   311
아이가 갑자기 물어요   314
모두 내 거라며 욕심을 부려요   316
장난의 정도가 지나쳐요   319
- 아이와 만나기 전 육아감각 이렇게 준비하세요!   323
- 태어날 아이와의 수월한 교감을 위한 임신 중 6가지 생활규칙   325

Epilogue 막 피어나는 꽃을 보듯이 내 아이를 바라보아요   328

PART 1

모든 부모에게 필요한 육아감각

1

부모의 육아감각
미리 준비해요

삶에서 꽤 큰 비중을 차지하는 것이 바로 육아입니다. 결혼해서 아이를 낳아 기르고 그 아이가 결혼해서 또 가정을 이루기까지의 전 과정을 육아라 해도 틀리지 않을 것입니다. 결과적으로 육아는 전 생애의 2/3라는 아주 긴 여정인 셈입니다. 그렇기 때문에 육아의 첫 단추를 잘 끼우는 것은 매우 중요합니다. 먼저 엄마 아빠 안에 숨겨진 육아감각을 깨우고 그것을 키우는 방법을 알아가는 것부터 출발해보세요.

# 부모에게 육아감각이 필요해요

부모가 자신에 대해서 잘 알아야 아이도 잘 키울 수 있습니다. 육아를 시작하기 전에 어린 시절의 경험을 떠올리며 부모 역할을 하게 될 자신을 상상하고 아이가 보낼 신호에 적절히 반응할 준비를 해야 합니다. 내 안에 잠재된 육아감각을 깨워 시행착오를 줄이는 방법을 터득해봅시다. 육아를 통해 부모도 아이와 함께 성장해간다는 것을 깨닫게 될 거랍니다.

좋은 부모가 되기로 마음먹어요

누구나 부모가 되면 '내가 이런 적이 있었나?' 할 정도로 아이와 육아에 대한 궁금증이 하늘만큼 바다만큼 무한해집니다. 알아보고 또 알아봐도 질문은 꼬리에 꼬리를 물고 늘어날 뿐 줄어들지 않지요. 육아는 전문가에게도 쉽지 않은 일인데, 처음 아이를 키우는 초보 부모라면 모든 것이 낯설고 궁금할 수밖에 없습니다. 그러니 질문하고 또 질문하는 것이 당연합니다.

"나는 좋은 부모가 되기 위해 어떤 준비를 했지?"
"나는 육아의 어느 부분을 잘할 수 있을까?"
"특별히 어렵게 느껴지는 부분은 뭘까?"

스스로 질문하고 답을 찾아가면서 쉬운 것부터 하나씩 해결해 가다 보면 육아에 자신감이 생기고 재미도 쏠쏠해질 것입니다. 진정 '아이를 키우면서 만들어가는 행복'을 느낄 수 있지요.

물론 육아의 자신감과 재미가 쉽게 얻어지는 것은 아닙니다. 특히 그 행복을 충분히 경험하려면 부모 자신에 대한 이해가 반드시 필요합니다. 부모 역할을 하게 될 자신을 상상하고, 아이가 웃거나 울면서 보낼 다양한 신호에 대해 나는 어떻게 반응할지 생각해 보아야 합니다. 그러다 보면 어렸을 때 나의 부모가 했던 말과 행동이 떠오를 것입니다. 좋았던 경험과 반대로 속상했던 경험 모두가 떠오르겠지요. 그리고 이렇게 마음먹을 수 있을 거예요.

'나는 나중에 엄마 아빠처럼 좋은 부모가 되어야지.'
'나는 나중에 엄마 아빠처럼 아이들에게 상처주지 말아야지.'

좋은 경험을 한 부모나 좋지 않은 경험을 한 부모 모두 '좋은 부모'가 되고자 하는 마음은 같을 것입니다. 따라서 우리 모두 같은 마음의 출발선에서 시작합니다. 그러나 1달 뒤, 1년 뒤, 10년 뒤, 20년 뒤에도 같은 모습일까요? 그럴 리가요. 상상을 뛰어 넘는 차이를 보일 수 있습니다. 어떤 누군가는 여전히 육아가 힘들고, 어떤 누군가는 아이와 함께 있는 시간을 즐기게 되지요. 원하는 방향으로 가려면 지금부터 차근차근 준비해야 됩니다.

먼저 엄마와 아빠가 육아감각을 키우는 단계부터 시작하는 것이 가장 효율적입니다. 춤을 못 추는 몸치, 노래를 못하는 음치가 있듯이 유난히 육아감각이 떨어지는 엄마나 아빠가 있습니다. 착착착 센스 있게 해내고 싶은 마음과는 별개로 몸이 움직이는 거죠. 마치 '육아치'가 된 것처럼요. 육아도 감각을 필요로 합니다.

때문에 육아감각을 키우지 않으면 엄마 아빠는 열심히 하는데 늘 답답하고 힘들며, 아이는 아이대로 적절한 피드백이 오지 않아 힘들어 합니다. 열심히 노력하는데 좋은 결과가 나오지 않으면 억울하고 속상한 마음이 들게 마련입니다. 그러면 육아에 점점 흥미를 잃게 되겠지요. 흥미를 잃으면 육아에 집중하지 못하고 아이를 부정적으로 대할 뿐 아니라 부모로서의 자존감도 떨어지게 됩니다. 심해지면 우울증에 이르기도 하지요.

실제로 육아상담을 할 때 육아감각이 없어 고통 받는 사례를 종종 접합니다. "육아서적을 밑줄 치며 읽고 육아 사이트의 경험담을 참고하면서, 밥도 제대로 못 먹고 잠도 못 자면서 열심히 아이를 키우는데 계속 시행착오만 하고 있어요." 책에서 하라는 대로 했는데 아이는 왜 계속 울고, 떼쓰고, 안 먹고, 안 자고, 안 노는지 모르겠다고 하소연합니다.

이런 경우 특별한 사연이 없다면 아이의 기질이 매우 까다롭거나, 아이가 보내는 신호를 엄마가 잘 포착하지 못하고 제대로 해석하지 못해서 엉뚱한 반응을 하는 것이 원인일 때가 많습니다. 이렇게 되면 아이는 계속해서 울거나 떼쓰게 되고 결국 엄마와 아이의 긍정적 상호작용이 어려워질 수밖에 없습니다.

뿐만 아니라 엄마 자신이 부모로부터 충분한 돌봄을 받지 못했거나 과잉보호를 받았던 경우, 공감 능력과 표현 능력이 부족하고 사회성이 낮을 때 육아감각이 떨어지는 경우가 많습니다. 이런 경우는 아이와 함께 엄마도 감각, 감수성, 표현력, 소통 능력을 키워야 합니다. 노력하는 과정에서 아이와 엄마 모두 함께 성장할 수 있습니다. 아이에 대해 알고 육아의 방법을 아는 것도 중요하지만 알게 된 것을 기초로 지속적으로 육아감각을 키워나가는 것도 행복한 육아의 지름길이라는 것을 잊지 마세요.

부모의 육아감각은 눈과 귀에서 출발해요

눈은 가장 많은 정보를 받아들이는 감각기관으로 특정 대상에 대한 정보를 얻는 데 매우 중요한 역할을 합니다. 그러나 동일한 상황에서 동일한 대상을 동시에 본다고 하더라도 서로 다른 것을 보기도 하고, 다른 것을 느끼기도 합니다. 예를 들어 TV 화면에 나온 가수를 보더라도 어떤 사람은 그 사람이 무엇을 입었는지를 유심히 보고, 어떤 사람은 머리 스타일에 눈길이 가거나 어떤 춤을 추는지에 관심을 갖습니다.

육아도 마찬가지입니다. 같은 상황이라도 중요한 것을 보고 느끼는 부모가 있는가 하면 잘못 보거나 중요한 것을 놓쳐 그르치는 부모도 종종 있습니다. 따라서 육아를 잘하려면 아이를 잘 관찰하여 이해하고 느끼면서 아이에게 가장 적절한 육아방법을 찾아 적용해야 합니다.

보는 것처럼 듣는 것도 중요합니다. 아이들은 각각의 표정이나 행동으로 자신의 상태를 알리려고 할 뿐 아니라, 소리를 통해 표현하고 무엇인가를 요청하며 상호작용을 시도합니다. 이때 부모가 아이의 소리를 듣지 못한다면 아이들은 매우 답답해하고, 실망

아이의 표정을 관찰하고 소리에 귀를 기울이는 부모

하게 되지요. 그래서 부모는 아이가 보내는 다양한 소리에 관심을 보이면서 잘 듣고 제대로 반응할 수 있어야 합니다. 아이가 내는 울음소리, 웃음소리, 웅얼거리는 소리, 노랫소리 등 다양한 소리에 고개를 돌려 그 소리에 담긴 메시지를 이해하고 어떤 반응을 하는 것이 적절한지 알아채는 노력이 필요합니다.

부모의 눈과 귀를 통해 들어온 수많은 정보는 아이의 행동을 해석하여 반응하는 데 중요한 육아 데이터가 됩니다. 그렇게 누적된 육아 데이터는 가슴에 전달되어 특별한 느낌을 만들게 되고, 그 느낌은 육아감각의 기준이 됩니다.

   그렇다면 어떻게 해야 부모가 아이를 잘 관찰하고, 아이의 소리를 제대로 들으며, 가슴으로 느낄 수 있을까요? 평소 무심코 스쳐 지나거나 잘못 반응하기 쉬운 아이의 사인을 잘 보고, 듣고, 느끼는 방법을 한번 알아봅시다.

눈으로 아이의 마음을 읽어주세요

스스로에게 질문을 해봅시다.

   "아이가 탄생하는 순간의 아이 표정을 기억하는가?"
   "아이와의 첫 눈 맞춤은 언제였는가?"
   "아이와 눈을 맞춘 그 순간, 아이와의 교감은 어떠했는가?"

   부모는 눈으로 아이의 마음을 읽을 수 있어야 합니다. 다른 곳을 보던 시선을 아이에게로 돌리고 잠깐이라도 아이에게 집중하는 시간이 필요합니다. 어떤 생각을 하는지 궁금하다는 듯이 최대한 부드럽고 따뜻한 표정으로 아이를 바라봐주세요.

   그 다음 아이의 표정을 잘 보고 읽어야 합니다. 말을 하지 않더라도 표정으로 무언가를 전하려고 하는 건 아닌지 살펴보세요. 아이의 눈동자와 눈꼬리가 움직이는 모습, 입 모양과 입꼬리 그리고 볼의 색과 근육의 움직임을 보면서 얼굴 전체에서 나타나는 느낌과 메시지를 읽어야 합니다. 때때로 엄마들은 아이가 입을 꽉 다물며 미간을 찡그리면 '응가'를 누고 있는 상황이라는 것을 즉각 알아채기도 하지요.

표정과 함께 아이의 눈이 무엇을 보는지도 알아채야 합니다. 아이가 관심을 가지고 보고 있는 것은 무엇인지 관찰하다 보면 아이가 하고 싶은 것이 무엇인지 알 수 있게 됩니다. 아이가 새로 산 장난감을 뚫어지게 바라보다가 엄마의 얼굴을 번갈아 쳐다보기 시작했다면, 엄마가 장난감에 대해서 이야기해주기를 바라고 있다고 추측할 수 있습니다. 아이의 시선 뒤의 행동을 포착하여 관찰하고 아이의 마음을 읽어내는 것이 육아감각의 기초가 됩니다.

이러한 관찰을 통해 객관적으로 아이를 이해하고 해석하게 되면 부모중심의 육아에서 아동중심의 육아로 자연스럽게 바뀔 수 있습니다. 내 아이가 어떤 방식으로 사람과 사물에 다가가고, 어떻게 선택하고 행동하는지를 알아가기 위해서는 이토록 세심한 관찰이 필요합니다. 그렇지 않으면 아이의 행동사인에 제대로 반응할 수 없어서 아이와 부모 사이에 상호작용이 원활히 이루어지

눈으로 아이의 마음을 읽는 순서

1단계	아이의 얼굴 바라보기	• '아이가 지금 어떤 생각을 갖고 있는지 궁금하네.' • '아이는 지금 어떤 마음일까?'
2단계	아이의 표정 읽기	• '이 표정은 무엇을 전하려고 하는 걸까?' • '새로 산 장난감을 바라보네.' • '엄마 얼굴과 장난감을 번갈아 보네.'
3단계	아이의 마음 읽기	• '새로 산 장난감에 대해 이야기해주기를 바라는 것 같네.' • '엄마와 함께 장난감을 갖고 놀고 싶은 마음인지 물어봐야겠다.'

지 않게 됩니다.

특히 영유아기에는 자신의 방식으로 세상을 충분히 탐색하고, 행동으로 경험하는 과정을 통해서 세상과 자신을 알아가고 맘껏 성장할 수 있다는 것을 반드시 기억해야 합니다. 아이의 마음을 헤아리지 않고 내 방식대로 아이를 바라보거나 내가 생각한 대로 아이의 행동을 해석하고 내 기준으로 아이를 판단하면 육아에 문제가 생기기 마련입니다. 처음에는 별것 아닌 것처럼 시작된 문제가 시간이 흐르면서 해석하기 힘든 문제로 발전할 수 있답니다.

귀로 아이의 마음을 읽어주세요

사람이 자신의 마음을 표현하는 방식 중 하나는 소리입니다. 울음, 웃음, 옹알이, 말, 외침, 흥얼거림, 노래 등 다양한 소리로 자신을 표현하거나 의사전달을 하고, 관심을 이끌어내어 상대방과 소통하고자 합니다. 이때 누군가 낸 소리에 상대방이 무관심하거나 눈치를 채지 못하고 부적절한 반응을 하게 되면 실망하여 원활한 소통이 이루어지지 않기 마련입니다. 그럴 경우 상호작용에 문제가 생기는 것은 당연한 결과지요.

부모와의 소통에 불만을 느낀 아이는 소리를 내지도 듣지도 않으려고 하여 입과 귀를 닫거나, 자신의 의도와 다르게 엇나간 표현을 많이 하게 됩니다. 이러한 상태를 '불통의 상태'라 부르는데, 아이의 긍정적인 발달을 방해하고 오히려 부정적인 방향으로 흘러가게 합니다.

한 사례로 순하지만 무엇인가에 몰입하면 방해받기 싫어하는 아이 때문에 고민인 엄마의 이야기를 들 수 있습니다. 아이가 조용히 있는 것을 보고 심심할 거라고 판단한 엄마는 아이의 놀이에 갑자기 끼어들어 놀이의 흐름을 깨면서 방해하는 횟수가 많아

졌어요. 자신이 원하는 방식의 소통이 아니라고 느낀 아이는 점점 엄마를 회피하게 되었습니다. 그러자 엄마는 아이와 친밀감이 부족하다고 생각하고 과도하게 아이를 간지럽히거나 볼을 잡고 장난을 치기 시작했어요. 결국 아이는 불만이 커져서 엄마를 더욱 회피하면서 "엄마가 싫어!"라는 말까지 거침없이 하게 되었지요.

이렇게 아이와 상호작용을 할 때는 주의해야 할 것이 있습니다. 아이의 소리가 '방해하지 말아야 하는 혼자만의 소리'인지 아니면 '누군가 들어주기를 바라거나 상호작용하기 원하는 소리'인지를 구분해야 합니다.

남매를 키우는 한 엄마가 있었습니다. 능력 있고 똑똑한 엄마는 자신과 비슷한 성향의 아들에게 관심이 많았습니다. 그래서 평소에도 아들의 일에 과도하게 관여하게 되었지요. 아이가 자기 방에 들어가 혼잣말로 스토리를 엮으면서 즐겁게 놀고 있으면, 그 모습이 기특하고 재미있어서 엄마도 함께 하자고 이것저것 물어보며 과도한 관심을 보였습니다. 아이 혼자만의 놀이시간인 것을 알아차리지 못한 것이지요.

반면 엄마의 관심을 받지 못하는 딸은 일부러 엄마 바로 앞에서 열심히 그림을 그리고, 엄마의 얼굴을 바라보면서 "나 토끼 그렸는데."라고 조그만 목소리로 말했습니다. 아이는 엄마가 자신의 이야기를 들어주었으면 하는 마음을 소극적으로 표현한 것이라고 할 수 있지요. 이렇게 아이가 상호작용을 필요로 하는 소리를 내면 적절하게 반응해주어야 합니다. 그러면 아이는 '우리 엄마는 나의 마음을 잘 알아주는구나.'라는 믿음이 생기게 돼요.

아이의 심리적 만족도가 높아지면 어떻게 될까요? 사실 아이는 부모에게 기대하는 감정이 그리 크지 않습니다. 따라서 적절하게 감정이 충족되고 나면 불필요한 요구를 하지 않게 마련입니다. 다시 말해, 매순간 시간 대비 효과적인 육아가 가능해집니다.

아이에게 반응을 할 때는 굳이 길게 하지 않아도 됩니다. "정말?" "그랬구나."처럼 맞장구치듯이 반응하는 것으로도 충분합니다. 이때 "그러지 말고 이렇게 했어야지."라고 꾸중을 하거나 훈계를 하며 부모가 아이의 말을 가로채는 것은 좋지 않습니다. 아이의 말에 반응할 때 주의할 점은 부모보다 아이가 이야기를 더 많이 하게 해야 한다는 것입니다. 아이들은 자신을 충분히 드러내고, 누군가가 그것을 들어주고 알아주었다는 것만으로도 행복해합니다.

아이는 이 과정을 통해 시각적으로도 부모가 드러내는 다양한 표정을 보면서 무엇인가 소통이 된다는 것을 느끼게 됩니다. 보는 것을 통해 아이가 안전감을 느꼈다면, 들어주는 것을 통해 기쁨과 만족감도 경험하게 됩니다. 가끔 아이가 잘 들리지 않는 신음소리

아이의 신호에 기분 좋게 반응하는 말

아이의 소리	잘못된 반응	기분 좋은 반응
엄마 아빠를 불렀을 때	"왜?"	• "○○야, 엄마 불렀어?"
무엇을 설명해줄 때	"알았어."	• "음~ 그랬구나." • "아~ 그런 일이 있었던 거네." • "그러니까 네가 그렇게 한 거네."
하고 싶은 것을 말할 때	"나중에 이야기해."	• "네가 그것을 하고 싶구나." • "엄마에게 무엇인가 부탁하고 싶은 것이 있나보네." • "그럼 간단히 이야기하고, 밥 먹고 다시 이야기하자."
감정적인 표현을 할 때	"그래."	• "이런, 속상해서 어떡하나? 참기 어려웠겠다." • "어머~ 다행이다." • "와~ 정말 재미있다." • "아니~ 그런 일이 있었어?"

로 고통을 표현할 때도 있는데, 부모라면 그 소리를 민감하게 들을 수 있어야 합니다. 아이들은 우리에게 늘 다양한 사인을 보내기 때문입니다. 우리가 그 사인을 알아차리지 못할 따름이지요.

아이의 소리에 귀를 기울이면 아이의 마음을 더 잘 알게 되고 누구보다 쉽게 소통하는 부모가 될 수 있습니다.

아이에게 행복육아가 필요해요

누군가로 인해 행복했던 순간을 떠올려보세요. 아마 저절로 입가에 미소가 지어지고 기분이 좋아질 거예요. 이러한 기억은 좋은 경험으로 남아 힘든 일을 겪을 때에도 이겨낼 수 있게 해주는 큰 힘이 됩니다. 아이가 행복한 기억을 가질 수 있도록 도와주는 것은 부모의 중요한 역할입니다. 다양한 경험으로 아이에게 행복한 기억을 만들어주세요.

아이의 행복 감각을 만들어주세요

행복한 기억은 삶의 태도와 질을 결정합니다. 특히 영유아기에 만들어진 행복한 기억은 무의식에 저장되어 아이의 삶에 매우 강력한 힘을 발휘하지요. 만약 뚜렷하게 떠오르는 나쁜 기억은 없지만 작은 일에 쉽게 우울해지고 불안하거나 분노감이 생긴다면, 영유아기에 저장된 불행한 무의식적 기억이 원인이 되는 경우가 많습니다. 나쁜 경험 저장소에는 심리적 상처가 잔뜩 쌓여 있고, 행복 경험 저장소는 텅 비어 있다면 마음이 힘들 수밖에 없지요. 아이가 심리적으로 연약해지면 부정적인 태도로 살아가기 쉽습니다.

이렇듯 영유아기에 부모와 함께 만든 행복한 기억은 자녀에게 위대한 자산이 됩니다. 행복한 경험은 행복 감각을 자극하고 활성화시켜 '행복 능력'을 높여줍니다.

이때 말하는 '행복 능력'은 무엇일까요? 같은 말을 해도 사람마다 다르게 받아들이는 경우가 있지요. 즐거운 상황에서 그다지 즐거워하지 않는 사람이 있는가 하면, 충분히 즐거워하고 기뻐하는 사람도 있지요. 또한 부정적 상황에서 불평하고 희망의 끈을 놓으면서 나쁜 습관으로 문제를 해결하는 사람이 있는가 하면, 실망스럽고 속상하지만 그 상황을 받아들이고 천천히 해결 가능한 방안을 찾아가는 사람이 있습니다.

부모라면 당연히 내 아이가 긍정적이고 행복한 삶을 살기를 바랄 것입니다. 그렇다면 어떻게 도움을 줄 수 있을까요? 질문을 바꿔볼게요. 만약 지구를 한 바퀴 도는데 가죽만 밟고 다니려면 어떻게 해야 할까요?

첫 번째 방법은 지구를 모두 가죽으로 싸는 것입니다. 두 번째 방법은 가죽신을 신고 다니는 것이지요. 삶을 행복하게 살아가는 방법도 마찬가지입니다. 아이가 행복하게 살아가도록 만드는 두

행복 감각이 사람의 행동에 미치는 영향 실험

미국의 한 소비자 연구 저널에서 발표한 결과에 따르면, 사람들은 기분이 좋을 때 더 빠르고, 일관되고, 나은 결정을 한다고 합니다. 연구진은 어떤 물체가 좋고 싫은지를 답하는 가장 기본적인 의사결정에 기분이 미치는 영향을 실험했습니다. 연구진은 실험 참가자들에게 좋은 느낌의 사진과 기분 나쁜 물체의 사진을 차례대로 보여주면서 기분을 조작한 후 다음의 단어를 보여줬다고 합니다.

좋아한다(like) – 싫어한다(dislike)
좋다(good) – 나쁘다(bad)
호의적인(favorable) – 비판적인(unfavorable)

그런 다음 이 단어와 앞서 물체를 보고 느낀 감정이 일치하면 '예' 버튼을, 그렇지 않으면 '아니오' 버튼을 누르게 했습니다. 그 결과 긍정적인 느낌의 사진을 보고 기분이 좋아진 사람이 더 빠르고 일관되게 나은 반응한다는 것을 알아냈습니다.

가지 방법이 있습니다. 아이에게 긍정적인 환경만 만들어주거나, 어떤 환경에서도 행복할 수 있는 능력을 키워주거나!

물론 많은 부모가 내 아이는 긍정적인 경험만 하고 긍정적인 환경에서만 자라기를 바랄 것입니다. 그러나 어느 누구도 세상에서 일어나는 모든 일을 긍정적인 것으로만 채울 수는 없습니다. 때문에 아이가 행복하기를 바란다면 '행복할 수 있는 능력'을 키워줘야 합니다. 힘든 상황에서도 행복해지는 방법을 찾아내는 것, 그것이 바로 '행복 감각'입니다.

특히 영유아기의 아이들은 감각자극을 잘 기억합니다. 이 시기에 쌓인 긍정적인 경험들은 훗날 아이가 살면서 마주할 상황에 대해 바람직한 반응을 할 수 있도록 도울 것입니다. 물론 행복한 경험을 많이 쌓기 위해서는 시간과 노력이 필요합니다. 부모가 일상생활에서 다양한 반응을 통해 만족감을 심어준다면 어느새 아이들은 행복 감각이 발달되어 해맑고 씩씩하며 사랑스런 아이로 성장하게 될 것입니다.

아이의 행복 능력을 키워주세요

표정과 손짓으로 교감하기

영유아기의 아이에게 부모의 표정은 세상과 삶의 축소판입니다.

마주하는 표정에 따라 아이는 세상을 아름답고 충만하게 느낄 수도 있고, 반대로 무섭고 못마땅하거나 슬프고 지루하게 느낄 수도 있습니다. 물론 부모의 마음이 항상 즐겁고 행복할 수만은 없습니다. 다만 행복한 순간을 놓치지 말고 표정으로 표현하는 것이 중요해요. 그 순간을 아이도 느낄 수 있도록 따스한 표정으로 교감해보세요.

반대로 무표정, 우울한 표정, 분노의 표정, 거부하는 표정, 무뚝뚝한 표정은 아이에게 보이지 말아야 합니다. 물론 부모도 화가 나거나 우울할 때가 있지요. 그럴 때에는 표정을 얼굴에 다 드러내지 말고 최대한 감정을 완화시켜 표출하는 것으로 대신해야 합니다. 아이에게 극단적인 표정을 보여서는 절대로 안 됩니다. 이러한 표정은 아이의 감각에 깊숙이 남아 건강한 성장에 걸림돌이 될 수 있기 때문이지요.

표정과 함께 중요한 것은 손짓입니다. 손짓을 통해 마음을 적극적으로 표현할 수 있고, 아이와의 소통을 명확하게 하며, 재미있는 상호작용을 이어갈 수 있습니다. 때로는 아무 말 없이 손짓으로만 대화를 하는 것이 아이의 주의를 집중시키면서 또 다른 방식의 즐거움을 경험하게 합니다. 부모의 손짓은 때로는 소리 없이 강한 힘을 지니고 있으니 충분히 활용해보세요.

아이에게 손짓으로 의사표현하는 방법

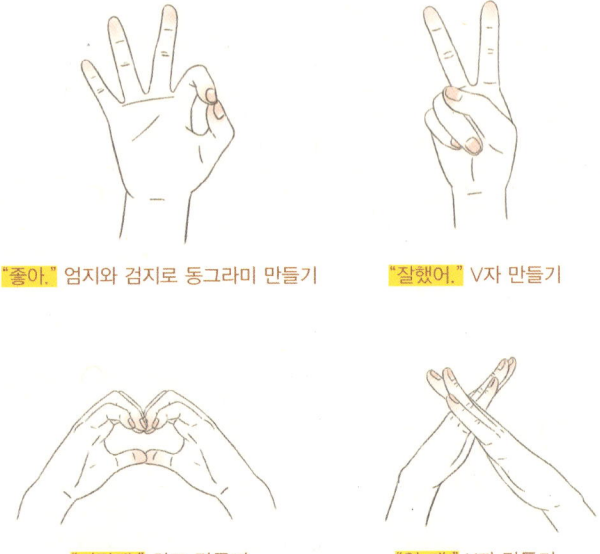

"좋아." 엄지와 검지로 동그라미 만들기

"잘했어." V자 만들기

"사랑해." 하트 만들기

"안 돼." X자 만들기

스킨십과 목소리로 교감하기

부모와 나누는 포옹과 스킨십은 아이에게 따스함과 안정감, 만족감과 충만함을 주고, 허전한 마음을 채워주어 몸과 마음이 건강한 아이로 자라나게 만들어줍니다. 아이를 둘러싼 물리적 환경이 아무리 좋다고 하더라도 부모의 충분한 터치가 없다면, 아이는 마음의 병이 생기게 되고 심리적 욕구 불만을 문제행동으로 드러낼 수도 있습니다.

실제로 아이가 자주 아프거나 자주 다치는데 혹시 아이에게 심리적 문제가 있는 것은 아닌지 걱정된다고 하면서 상담실에 찾아온 엄마가 있었습니다. 엄마가 아이와 소통하는 모습을 관찰해보니 한 가지 특징이 보였습니다. 엄마는 아이에게 다가가거나 아이를 쓰다듬어주거나 하는 신체적 접근이나 접촉이 거의 없이 가만히 앉아서 말로만 '와라, 가라, 이래라, 저래라.' 하기만 했습니다. 평소에도 이렇게 충분한 스킨십이 없었기 때문에 아이가 욕구불만이 생겨 문제행동을 보이며 자주 다치곤 했던 것입니다.

육아감각이 있는 부모는 다양한 접촉을 통해 아이에게 심리적 만족감을 채워주도록 노력합니다. 과도하지 않은 수준의 터치, 부드럽게 감싸 안는 포옹, 아침저녁의 규칙적인 스킨십으로 아이와 교감하는 시간을 가지세요.

더불어 부모의 음성 또한 무의식 중에 드러나는 표현임을 잊지 말아야 합니다. 아름답고 따스하며, 부드러우면서도 힘이 있고, 묵직하게 안정감을 주는 애정 어린 음성은 아이의 마음을 편안하게 해줍니다. 이러한 음성으로 이야기를 하면 아이는 주의를 좀 더 기울이게 되고, 부모의 이야기를 듣는 것을 즐거워하게 됩니다. 때때로 아이도 부모의 멋진 말을 들으면 그렇게 이야기하고 싶어서 혼잣말로 따라 하기 시작합니다.

　음성은 사람의 마음을 감동시킬 수도 있고 상처를 줄 수도 있으며, 주의를 집중하게도 하고 산만하게도 합니다. 한 예로 부모가 소리를 지르며 악담을 하거나 축 처져서 맥없이 작은 목소리로 말하면, 아이는 듣지 않으려 고개를 돌리고 멍하게 허공을 바라보거나 말썽을 피우게 되지요. 반대로 가볍고 흥겹게, 때론 무게 있고 진심 어린 음성으로 이야기하면 아이는 자신이 존중받고 부모와 서로 교감한다고 느끼게 됩니다.

아이의 행동을 수용해주세요

아이가 성장하면서 사람이 살아가는 데 필요한 것을 갖추어주기 위해 하나하나 신경을 쓰다 보면 부모로서 지칠 수 있어요. 그래서 무한한 사랑을 주는 존재가 부모라는 것을 잊을 때가 있습니다. 아이가 실수를 하거나 잘못을 할 때에도 열린 가슴으로 아이를 느끼고 사랑을 주는 것이 먼저임을 잊지 말아야 합니다.

열린 마음으로 다가가기 위한 5가지 방법

'그래, 오늘부터 아이에게 열린 마음으로 다가가야지.' 하고 마음먹었다고 해도 쉽게 성공할 것을 기대해서는 안 됩니다. 아이에게 다가가기 위해 먼저 몇 가지 해야 할 것이 있기 때문입니다. 다음 5가지 방법을 읽고 각 항목별로 10분 동안 미리 해보세요. 이 작업을 먼저 하고 나면 훨씬 수월하게, 아이의 마음에 한 발 더 다가갈 수 있을 것입니다.

❶ 내 마음을 여는 이미지를 그립니다. 창문을 열고 펼쳐진 초록 들판을 바라보며 시원한 바람을 들이마시듯 깊은 호흡을 하고 가슴을 활짝 여는 이미지를 그려보세요.

❷ 손바닥에 '사랑'이라는 글자를 세 번 씁니다. 그대로 손바닥을 가슴에 대고 온기를 느껴보세요.

❸ 손바닥 전체에 심장이 뛰는 것을 느끼며 천천히 그 소리를 들어봅니다. 이때 두 눈을 감고 심장소리에 신경을 집중해보세요.

❹ 아이가 환하게 웃는 모습을 떠올립니다. 그리고 함께 미소를 지어보세요.

❺ 아이를 부드럽게 껴안는 이미지를 그립니다. 그리고 아이의 귀에 "사랑해!"라고 부드럽게 이야기해보세요.

처음부터 이 방법이 쉽게 되지는 않을 거예요. 뭔가 쑥스럽고 어색하다고 느낄 수도 있겠지요. 열린 마음으로 아이에게 다가가는 것은 쉬운 일이 아닙니다. 하지만 용기를 가지고 도전해보세요. '지금까지 실수했지만 이제 다시 시작하면 되는 거야.'라는 생각으로 편안하게 연습해보세요.

사랑이 우선이에요

가슴에 손을 얹고 무엇이 느껴지는지 떠올려보세요. '따뜻함' '부드러움' '편안함'과 같은 것을 느낄 수 있다면 행복한 상태입니다. 그런데 전혀 아무런 느낌을 찾을 수 없다면, 감정을 끌어올려 무감각한 가슴을 따뜻하게 되살려야 해요. 혹은 냉랭하거나 텅 빈 느낌이라면 가슴에 따스한 사랑의 불을 지펴야 합니다. 부모의 가슴이 따뜻해야 아이가 그 품에 안겼을 때에 충만한 사랑을 느낄 수 있습니다.

부모와 아이는 가슴으로 서로를 느낄 수 있어야 합니다. 따뜻한 온기를 느끼며 사랑을 저축해야 하지요. 사람이 살아가는 데는 능력보다 사랑이 우선이기 때문입니다. 계속해서 강조하건대 특히 영유아기의 자녀는 부모의 사랑을 충분히 경험해야 합니다. 물론 사랑을 충분히 받지 못한 아이도 여러 가지 능력을 갖춘 어른이 될 수 있습니다. 하지만 사랑 없이 키워진 능력은 아이 자신이나 사회에 독이 될 수 있습니다. 사람을 진료할 때 돈을 먼저 따지는 의사나 회사를 경영할 때 이윤만 생각하고 사람의 가치를 귀하게 여기지 않는 기업가가 그런 예입니다.

때문에 부모는 열린 가슴으로 아이를 느끼면서 내 아이를 있는 그대로 사랑해야 합니다. 그러면 아이는 부모의 눈을 바라보고, 부모의 말에 귀를 기울이게 되며, 편안히 안겨 행복을 느낄 수 있습니다. 이러한 아이는 건강하고, 창의적이고, 집중력이 있는 아이로 성장할 수밖에 없겠지요. 육아는 사랑이고 과학이기 때문입니다.

"아이에게 어떻게 사랑을 주어야 할지 모르겠어요." "저는 사랑을 받아본 기억이 없어요."라고 이야기하는 부모도 있습니다. 부모 자신이 사랑을 못 받았다고 느끼거나 사랑이 충분하지 않아 결핍 상태일 경우, 혹은 상처와 무관심으로 마음을 다친 경우라면 도대체 어떻게 아이를 사랑해주어야 할지 잘 모를 수 있습니다. 하지만 이런 안타까운 경우라도 충분히 사랑을 회복할 수 있어요. 서투르지만 진정한 사랑으로 한 걸음 한 걸음씩 나아가다 보면 아이에게 사랑을 주는 과정에서 엄마 아빠의 마음속에도 사랑이 채워지는 것을 느끼게 됩니다. 그저 부모는 마음을 열고 천천히 부드럽게 아이에게 다가가면 됩니다.

이럴 때 교감육아
어떻게 해야 하나요?

...

Q 14개월 된 아이가 식탁에 앉아 밥을 먹는 중에 식탁 위에 있는 물건을 계속 떨어뜨려요. 어떻게 반응해야 할까요?

	상황 A	상황 B
❶ 아이의 표정 읽기	아이가 장난, 놀이 차원에서 물건을 던지는 표정일 때	아이가 짜증이 나서 물건을 던지는 표정일 때
❷ 상황을 말로 묘사하기	"○○가 식탁 위에 있는 수저, 밥그릇, 컵을 바닥에 떨어뜨리는 놀이를 하고 있네."	"○○가 식탁 위에 있는 수저를 바닥에 세게 던지고 있네."
❸ 아이의 마음 (의도) 읽기	"식탁에서 물건을 떨어뜨리는 것이 신기하고 재미있어서 계속 하고 싶은가 보네."	"이런~ 짜증이 났나 보네. 짜증이 나고 답답해서 수저를 던졌나 보다."

❹ 엄마의 마음 전하기	"물건을 던지는 게 신기하고 재미있지? 던지기 놀이를 즐겁게 하는 걸 보니 엄마도 신기하고 재미있네. 그런데 이건 장난감이 아니라서 다른 것을 찾아봐야겠어."	"엄마는 ㅇㅇ가 짜증나고 답답해서 물건을 아무 데나 세게 떨어뜨리는 소리가 시끄럽거든. 이렇게 화를 내는 것은 안 좋은 행동이야. 이제 그만했으면 좋겠어."
❺ 대안 제시하기	"엄마가 장난감 숟가락 3개 줄게. 이것만 떨어뜨려보고 밥 먹고 내려와서 다른 것으로 떨어뜨리는 놀이하자."	"나쁜 기분이 풀릴 수 있게 엄마랑 밥 먹고 공 세게 던지는 놀이하자."

Q 30개월 된 아이가 놀이터 마당에서 공놀이를 하다가 공이 멀리 굴러가는 것을 보면서 엄마를 부를 때가 있어요. 바로 달려가서 공을 집어다 주는 게 좋을까요?

	상황 A	상황 B
❶ 아이의 표정 읽기	공이 굴러가는 모습이 신기해서 재미있게 바라보는 표정	공이 굴러가서 놀라며 어떻게 해야 할지 몰라서 당황하는 표정
❷ 상황을 말로 묘사하기	"공이 굴러가는 것을 쳐다보고 있네. 공이 떼구루루 굴러가고 있구나."	"공이 멀리 굴러가서 놀랐구나. 어떻게 해야 할지 몰라서 공만 쳐다보고 서 있는 거지?"

❸ 아이의 마음 읽기	"저기 굴러가는 공이 신기하고 재미있나 보다."	"많이 놀랐지? 엄마가 도와주었으면 하는구나."
❹ 엄마의 마음 전하기	"○○가 재미있어 하는 것을 보니 엄마도 기분이 좋네. 저기 공이 굴러가는 것도 너무 신기하고 재미있다."	"이제 엄마가 도와주고 싶은데 어떻게 해줄까?"
❺ 대안 제시하기	함께 지켜보기	"엄마가 저쪽에 가서 공이 굴러가지 않게 발로 막고 있을게. 네가 와서 공을 가져가면 되겠다."

Q 40개월 된 아이가 아이스크림을 먹다가 바닥에 떨어뜨려서 울고 있을 때 어떻게 반응해야 할까요?

	상황 A	상황 B
❶ 아이의 표정 읽기	아이스크림을 바닥에 떨어뜨려서 엄마에게 혼날까봐 겁먹은 표정	아이스크림을 못 먹게 되어 화가 난 표정
❷ 상황을 말로 묘사하기	"이런, 아이스크림이 바닥에 떨어졌네."	"이런, 아이스크림이 바닥에 떨어졌네."

❸ 아이의 마음 읽기	"아이스크림이 떨어져서 엄마한테 혼날까봐 겁먹고 있구나. ○○가 잘못했다고 생각하나보네."	"아이스크림을 못 먹게 되어 화가 났구나. 주워서 담을 수도 없고 속상하겠네."
❹ 엄마의 마음 전하기	"○○가 겁먹고 있는 것을 보니, 엄마 마음이 짠하네. 엄마한테 혼날 것을 걱정하는 우리 ○○가 안쓰러워."	"엄마라도 먹고 있던 아이스크림이 떨어지면 속상하고 화가 날 것 같아."
❺ 대안 제시하기	"아이스크림이 좀 녹아 있었던 것 같아. 흘린 아이스크림을 닦아내고, 냉장고에 다른 아이스크림이 있나 찾아보자. 없으면 아쉽게도 오늘은 아이스크림을 먹을 수 없겠다."	"아이스크림이 너무 맛이 있어서 흐르는 것을 못 보았던 거지? 어쩔 수 없이 오늘은 아이스크림 먹는 것을 포기해야겠다. 대신에 엄마와 재미있게 블록 놀이를 하거나 시원한 주스를 마실 수 있는데, ○○가 둘 중에 하나를 선택해볼까?"

Q 60개월 된 아이가 열심히 만들어놓은 블록 집을 동생이 쓰러뜨려서 울고 있어요. 어떻게 달래야 할까요?

	상황 A	상황 B
❶ 아이의 표정 읽기	열심히 만든 블록 집이 무너져서 속상해서 우는 표정	동생이 놀이를 방해하니까 화가 나서 우는 표정
❷ 상황을 말로 묘사하기	"이런, ○○가 정성껏 만든 블록 집이 완전히 무너졌네."	"이런, ○○가 정성껏 만든 블록 집을 동생이 무너뜨렸네."
❸ 아이의 마음 읽기	"열심히 만들었는데 이렇게 무너져서 아주 많이 속상하겠다."	"열심히 만든 블록 집을 동생이 무너뜨려서 무척 화가 났겠다."
❹ 엄마의 마음 전하기	"엄마도 너무 안타까워. 위로해주고 싶어."	"지금 무척 화가 나고 동생이 얄밉겠다. 엄마가 동생을 단단히 혼을 내야겠는걸. 그리고 블록 집을 다시 만드는 것을 도와주고 싶어."
❺ 대안 제시하기	"힘들게 만든 블록 집이 무너졌으니, 맛있는 거 먹고 힘을 내서 다시 만들어야겠다. 엄마가 도와줄게."	"동생이 얄미워도 때릴 수는 없으니 대신 벌을 세울게. 블록 집은 엄마랑 다시 만들어보자. 다 완성되면 동생이 무너뜨리지 않게 안전한 곳에 보관하자."

2

아이와 마음을 나누는 교감육아

아이와 교감하는 것은 결코 쉬운 일이 아닙니다. 그러나 단 한 번의 진정한 교감을 통해 그것이 어떤 것인지를 경험한다면, 이루 말할 수 없는 환희와 충만감을 느끼게 될 것입니다. 꽃잎처럼 보드라운 아이의 피부가 내 피부에 맞닿고, 가느다랗게 숨 쉬는 아이의 숨결과 심장박동이 느껴지며, 아이의 눈과 마주하여 즐거운 이야기를 나누는 순간이 바로 교감의 순간입니다. 아이와 교감하는 순간 평온함을 느끼며 육아의 고통은 반으로 줄고, 긍정적 육아유전자를 찾아가는 통로를 발견할 수 있을 것입니다.

아이는 부모와 교감을 원해요

엄마 아빠와 아이 사이의 교감은 처음 만난 순간부터 '짠' 하고 저절로 이루어지는 것은 아닙니다. 태어난 순간부터 꾸준히 노력해야 합니다. 아이가 보내는 주요한 사인을 알아차리려는 노력, 아이의 사인에 제대로 반응할 수 있는 육아감각을 키우는 노력, 교감하기에 적절한 양육환경을 만들어주려는 노력이 필요합니다. 잘 드러나진 않지만 아이도 엄마가 보내는 수많은 사인을 잘 해석하여 교감하기 위해 노력하고 있답니다.

부모의 공감 능력이 필요해요

일반적으로 사람들은 대화를 할 때 상대방의 마음을 읽고 서로 소통을 하려고 노력합니다. 그래서 상대의 모습을 자동적으로 살피면서 자신의 자세, 얼굴 표정, 어조 등을 조절합니다. 또 상대방이 행동하는 것을 우연히 혹은 의도적으로 관찰하게 되는데, 이때 상대방의 행동과 동일한 부분의 운동회로가 활성화됩니다. 감정도 마찬가지입니다. 상대방의 표정을 관찰하는 동안 관찰자에게도 동일한 감정이 활성화됩니다.

이것은 상대방의 마음을 이해하는 데 매우 중요한 공감 능력과 관련 있는 것으로 '암묵적 정신화'라 부릅니다. 무엇인가를 생각하기 전에 관찰한 상대방의 행동이나 표정에 의해 자동적으로 반응하는 것을 말하지요. 진정한 공감은 이러한 과정이 선행되어야 이루어질 수 있습니다. 이것은 상대방의 마음 상태에 관심을 둔 결과입니다. 내 마음속에 다른 사람의 마음을 이해할 수 있는 또 다른 방이 있는 것과 같습니다.

엄마 아빠가 이러한 공감 능력이 뛰어날 경우 아이의 마음을 잘 이해할 수 있고, 교감육아를 수월하게 해낼 수 있습니다. 엄마와 떨어지기 싫어 마음이 불편한 아이에게 "엄마는 5분만 화장실을 가는 거야. 하지만 네가 불안하면 문을 열고 있을까?"와 같은 피드백을 해줄 수 있지요. 이런 태도는 아이에게 자연스럽게 안전애착을 가져다줄 수 있습니다. 안전애착을 가진 아이들은 공감 능력과 사회적 능력을 더 일찍 획득하게 되지요.

엄마 아빠의 공감 능력을 키울 수 있는 가장 좋은 방법은 자신의 마음, 그리고 상대방의 마음 상태에 초점을 두고 주의를 집중하는 연습을 하는 것입니다. 하지만 이것은 어느 날 갑자기 되는 것은 아니기에 훈련하고, 경험해보고, 배우는 과정이 필요합니다.

이를 테면 평상시 만나는 사람들의 표정, 다양한 사진, 광고에서 나타나는 표정, 영화나 드라마에 등장하는 배우들의 표정을 보면서 연습해볼 수 있겠지요. 훈련을 충분히 거치면 어떤 상황에서든 자연스럽게 아이와 교감하게 됩니다. 나도 모르게 그러한 감각이 키워지는 거지요.

아이는 자신이 신뢰하는 부모를 통해 세상에 대해 배우려는 성향을 타고났습니다. 때문에 특정 상황에 대해 반응하는 부모의 정서적 분위기는 아이의 판단에 중요한 기준이 됩니다. 아이는 부모의 마음을 통해 세상에 대한 모든 종류의 지식을 얻고자 합니다. 아이와 대화할 때 지속적으로 아이의 마음 상태를 관찰해보세요. 아이 마음을 노련하게 알아채고 반응할 때, 진정한 교감을 나눌 수 있습니다.

아이의 마음을 먼저 생각해주세요

아이를 양육할 때 '마음을 염두에 두는 태도$^{mind\text{-}mindedness}$'는 애착 형성과 아이의 정서 및 사회성 발달에 중요한 영향을 끼칩니다.

> **마음을 살피는 언어**
>
> - "환하게 웃고 있는 걸 보니 기분이 좋은 것 같네."
> - "이런 울상이네. 그것 때문에 느낌이 안 좋구나."
> - "표정을 보니 뭔가 마음이 불편한 것 같다."

실제로 생후 6개월 된 아이와 엄마의 대화를 분석해보았을 때, 마음을 살피는 언어를 더 많이 사용한 엄마들의 아이가 생후 1년이 되었을 때 애착형성이 더 쉽게 이루어졌다고 합니다. 또한 안정적인 애착이 형성된 아이와 엄마의 상호작용을 분석해보면 엄마가 이야기 중에 마음을 살피는 말을 더 많이 한다는 것을 발견할 수 있습니다.

반대로 엄마가 아이의 마음을 염두에 두지 않으면 아이가 '심맹 mind-blindness' 상태가 될 가능성이 있습니다. 심맹은 마음을 읽지 못하는 상태로, 혼란형 애착을 유발할 수 있습니다. 이러한 아이는 감정을 잘 느끼지 못하며 아동기에는 반항적이고 극도로 타인을 조종하려는 행동경향을 보이게 됩니다. 쉽게 경직되거나 충동적인 성향을 갖게 되어 환경에 작은 변화만 생겨도 평정심을 잃어버리게 되지요.

아이의 마음을 염두에 두는 교감육아의 핵심은 부모가 아이의 마음 상태를 정확히 읽고 적절한 때 반영하여 알맞은 상호작용을 하는 것입니다. 부모가 아이의 마음을 알아줄 때 아이는 정상적이고 질 좋은 애착을 경험하게 되지요. 이것은 아이가 자라서 건강한 정신을 가질 수 있는 기초가 되고, 부모에게도 안정감을 선사합니다. 이렇듯 교감육아를 하게 되면 아이의 심리발달에 좋을 뿐 아니라, 부모도 심리적으로 함께 성장하여 혹시나 있을 수 있는 심맹을 극복하게 됩니다.

아이가 먹고 자는 순간을 관찰해요

아이의 마음 상태를 정확하게 읽으려면 어떻게 해야 할까요? 당연히 처음부터 잘할 수는 없어요. 하지만 먹이고 재우는 초기 상호작용을 통해서 아이의 마음을 읽을 수 있습니다. 생의 초기 몇 주 동안 영아는 먹고 자는 특징을 통해 자신을 표현합니다. 생물학적 조절 기능이 수월한 아이는 잘 먹고 잘 자겠지요. 반대로 생물학적 조절이 어려운 아이는 먹지도 않고 쉽게 잠들지 못합니다.

이때 아이는 울음으로 힘들다는 사인을 보냅니다. 그러나 대부분의 엄마들은 이 울음에 불안해하지요.

엄마는 아이의 먹고 자는 패턴을 파악하려고 노력하는 과정에서 아이의 울음과 표정을 통해 다양한 사인을 해석할 수 있게 됩니다. 모유, 분유, 이유식, 밥을 먹이는 것은 단순히 '먹인다'는 행동의 차원이 아니에요. 아이와 엄마가 서로 얼굴을 익히고, 행동양식을 알아가며 감정을 표현하고 생각을 해석하는 순간인 것이지요.

아이의 사인을 해석하는 교감육아

> **마음육아 훈련법**
>
> ❶ 사람의 다양한 표정 관찰하기
> ❷ 관찰한 대상과 동일하게 표정 지어보기
> ❸ 관찰한 대상과 동일한 표정을 지으면서 상대방이 어떤 감정인지 추측해보기
> ❹ 표정이 각각 다른 자신의 사진 10장을 모아서 관찰하기
> ❺ 여러 장의 사진 속의 자신의 표정과 동일한 표정 지어보기

신생아는 인지적으로 경험하기보다는 감각적으로 경험하기 때문에 부모의 감각적 돌봄이 반드시 필요합니다. 먹이거나 재울 때 부드럽고 안전하게 안아주고, 리듬감 있게 이야기해주세요. 다양한 표정을 지으며 눈을 마주치는 것은 아이에게 보낼 수 있는 아주 좋은 사인입니다.

부모는 아이에게 다양한 사인을 보내면서 아이의 반응을 읽어야 합니다. 수십 가지 표정을 지으면서 수백 번 안아주고, 수천 번 눈을 맞추는 사이에 부모의 마음에 아이의 마음이, 아이의 마음에 부모의 마음이 전달되고 해석됩니다.

이렇듯 수월한 육아, 성공적인 육아를 하기 위해서는 아이와

의 소통 규칙을 알아가는 것이 중요합니다. '아, 아이가 하품을 하며 눈을 비비는 걸 보니 졸리구나!' 하고 반응할 수 있어야 하지요. 소통이 안 되는 육아는 아이에게도 부모에게도 고통스러운 일입니다. 아이가 부모와 교환하는 시각적·음성적·신체적 신호들이 어떻게 의사소통의 중요한 패턴으로 통합되는지를 알아가는 것은 아이를 키우는 부모의 특권이자 의무입니다.

특히 2개월경이면 대부분의 아이들은 눈에 보이는 것이 많아지면서 내부 세계에서 외부 세계로 관심이 쏠립니다. 자신의 곁에 있는 부모의 존재를 이전보다 더 크게 느끼고, 관심을 가지게 되지요. 때문에 이 시기에 부모와 아이가 서로를 바라보고 미소 지으며 함께 즐거워하는 경우가 많아진다는 것은 드디어 서로에게 관심을 가지고 반응을 하는 교감육아가 시작되었다는 것을 의미합니다. 이러한 교감 반응이 향후 아이의 발달에 미칠 영향은 대단히 강력합니다. 부모와의 교감 여부에 따라 마음이 건강한 아이로 성장할지, 부모가 행복한 육아를 할 수 있을지가 결정되기 때문입니다.

아이의 교감 능력을 키워주세요

아이를 잘 키우기 위해서는 부모만 아이의 마음을 읽어서도, 아이만 부모의 표정을 읽어서도 안 됩니다. 소통을 하기 위해서는 서로 이어질 수 있는 그 무엇이 필요하지요. 아이와 부모를 서로 이어주고 성장시키는 육아의 힘은 과연 무엇일까요?

교감 능력이 중요해요

"손뼉도 마주쳐야 소리가 난다."는 속담처럼 어떤 일을 제대로 하려면 서로 뜻이 맞아야 합니다. 육아도 마찬가지지요. 부모와 아이 사이에 상호작용이 잘 이루어져야 그 효과가 제대로 날 수 있습니다. 상호작용의 시작은 자신의 행동을 타인의 행동에 맞게 반응하고 전달하는 것이라고 할 수 있습니다. 상대방도 마찬가지입니다. 그러기 위해서는 부모와 아이 사이에 상호동시성이 이루어

> **상호동시성이란?**
>
> 상대방의 정서, 의도, 행동 등을 정확하게 파악한 후, 상대방의 상태에 맞추어서 자신을 조절하여 변화시킨 후 적절한 타이밍에 반응하는 것입니다.

져야 합니다.

부모는 아이와 동일한 순간에 같은 마음을 느낄 수 있어야 합니다. 교감을 통해서 서로의 마음을 알아차리고, 상대방이 전하는 마음을 있는 그대로 받아들이는 것이 필요합니다. 또한 감정과 더불어 활동도 공유해야 합니다. 함께 바라보고, 함께 만들고, 함께 나누는 사이에 사회적 상호작용이 이루어지기 때문입니다. 그러려면 아이의 마음과 활동 그리고 눈높이에 대한 이해가 바탕이 되어야 하지요.

부모의 상호작용은 아이의 감성^{sensibility}을 높여줍니다. 감성은 개인적인 기질, 취향, 감수성을 포함하며 앎에 이르는 과정을 이끌어주는 포괄적인 감각이에요. 흔히 말하는 센스^{sense}와는 구분되며 삶의 질에 많은 영향을 주는 능력이지요. 상호동시성이 가능해지면 아이와 부모의 관계 맺기가 안정적으로 이루어지게 됩니다.

특히 아이는 전반적인 발달이 촉진되고 인내력, 회복 능력, 소통 능력, 사회성 등이 성장하게 되지요.

부모는 이 과정에서 육아의 진정한 의미를 피부로 깨달으면서 성숙해져 갑니다. 어느 순간 '아! 내가 진짜로 부모가 되어가고 있구나!' 하고 느끼게 되지요. 이러한 느낌은 육아로 인해 힘들었던 기억을 눈 녹듯 사라지게 하고, 보다 만족스럽고 행복한 육아를 할 수 있게 도와줍니다.

상호동시성을 키우는 5가지 방법

❶ 인형과 먼저 상호작용을 연습해보고 아이와 같은 방식으로 놀아봅니다. 그리고 두 상호작용 간에 어떤 차이를 경험했는지 비교해보세요. 아이와 교감한다는 것의 의미를 알 수 있을 거예요.

❷ 아이가 하는 행동을 5분 동안 따라 해보세요. 예를 들어 아이가 자동차 바퀴를 굴리면 엄마 아빠도 가볍게 따라 하는 것입니다. 이때 아이의 반응은 어떠했는지 살펴보세요.

❸ 아이와 하루 10~30분씩 몇 가지 주제를 가지고 이야기해보세요. 예를 들어 '공놀이'를 한다고 가정했을 때, 공이나 공놀이에 관한 이야기를 주고받는 형태로 하면 됩니다. 물론 아이는 말을 잘 못하지만 옹알옹알 하며 반응할 거예요. 이 과정에서 말이 통

한다는 느낌을 경험할 수 있습니다.

❹ 아이와 함께 놀이를 하는 모습을 30분 정도 녹화해보세요. 녹화한 후 엄마 아빠가 함께 보면서 자신의 행동을 분석해보세요. '어머? 내가 저렇게 행동했네.'라는 생각이 들면서 재미도 있고 반성도 하게 됩니다. 물론 아이의 행동도 꼼꼼히 관찰할 수 있지요.

❺ 모든 부모가 아이의 신호에 똑같이 민감한 것이 아니듯, 모든 아이가 동일하게 신호에 민감하거나 예측 가능한 반응을 하는 것은 아닙니다. 개인차가 있다는 것을 감안할 때 나와 아이의 교감은 어떤 특징이 있는지 찾아보세요. 그 과정에서 아이와 부모가 교감할 수 있는 방법도 찾을 수 있을 거예요.

정확한 표정으로 반응해주세요

정서적 교감이 육아에 어떤 영향을 끼치는지 알아보기 위해 영아기 아이들을 대상으로 '무표정 실험'을 했습니다. 실험 상황에서 엄마는 평소 아이에게 하던 정상적인 반응을 하지 않고 침묵하면서 아무 표정도 짓지 말라는 안내를 받게 됩니다.

실험 결과, 엄마의 무표정에 대해 생후 2~3개월 된 영아는 매

부모의 무표정한 반응으로　　　부모와 아이가 정서적으로 동시에
교감이 어려운 경우　　　　　　교감하는 경우

우 혼란스러운 모습을 보였습니다. 엄마를 경계하듯 응시하고, 어색한 미소와 굳은 표정을 번갈아 나타냈습니다. 특히 자신의 사인에 응답을 받지 못하는 시간이 길어질수록 시선을 돌리고 의기소침해지면서 힘들어했습니다. 이러한 모습은 엄마가 정상적인 반응으로 돌아와도 한동안 지속되었습니다. 아이는 엄마의 무표정에서 느끼는 정서적 박탈감으로 인해 상호작용을 하려는 마음이나 행동을 더 이상 보이지 않은 것입니다. 이것은 정서적 교감의 중요성을 확실하게 보여줍니다.

반대의 경우도 마찬가지입니다. 엄마의 미소나 웃음에 반응하지 않은 아이는 엄마에게 정서적 박탈감을 주게 됩니다. 따라서 엄마와 아이의 정서가 동시에 교감되어야 합니다.

 양육 상담을 하다 보면 때때로 무표정한 엄마들을 만나게 됩니다. 아이는 어떻게 해서든 엄마의 반응을 얻어내려고 얼굴을 보면서 미소를 짓고 자신의 마음을 드러내지만 엄마는 말로만 아이에게 반응하고 표정은 죽어 있는 경우입니다. 옆에서 보고 있는 상담자의 마음은 정말 안타깝습니다. 엄마에게 표정을 지어보라고 말해보지만 잘 되지 않습니다. 엄마의 반응에 실망한 아이 역시 어색하고 건조한 표정으로 점점 미소를 잃어가지요. 결국에는 아이가 짜증을 내며 무엇을 해주어도 크게 만족하지 않는 단계로 넘어갑니다.

 이러한 경우 엄마의 상담을 권하기도 합니다. 왜냐하면 엄마 역시 정서적 반응을 충분히 경험하지 못했기 때문입니다. 본인이 모르는 부분이라서 아이에게 제대로 반응하기 어려운 것입니다. 그래서 상담을 통해 죽었던 감정을 살리고, 부족했던 긍정적인 감정을 경험할 기회를 만들고, 어두운 감정을 건강하게 해소하는 과정을 갖게 됩니다.

 감정을 살리고 난 후에는 다양한 표정을 짓는 연습을 합니다. 그리고 상대방의 감정을 알아차리고 반응하는 연습도 해봅니다. 처

정서적 교감을 도와주는 육아 방법

- 눈 보고 미소 지어주기
- 감정 언어 사용하기
- 손과 이불을 이용해서 까꿍 놀이하기
- 꼭 끌어안아주기
- 산책 나가기
- 얼러주기
- 아이가 즐거워하는 순간 함께 웃어주기
- 가볍게 간지럼 태우기
- 칭찬하면서 머리를 쓰다듬어주기
- 놀이터 가기
- 부드럽게 볼 비비기
- 거울 보고 함께 표정 짓거나 춤추기
- 즐거운 노래 부르기
- 때때로 손짓발짓으로 의사표현하기

음에는 어색하고 불편하지만 점점 좋아지면서 아이와의 정서적 소통이 이루어지는 기쁨을 느끼게 되지요. 상담 과정을 통해 이 단계에 이른 엄마들이 눈물까지 흘리면서 감격하는 모습을 자주 목격합니다.

    사람은 밥만 먹고 살 수 없습니다. 사랑과 기쁨, 환희, 행복, 슬픔 그리고 공포, 분노에 이르기까지 그 모든 감정을 함께 느낄 때 살 수 있습니다. 특히 아이들은 정서적으로 반응을 받지 못하면 정상적으로 성장하기가 어렵습니다. 바쁘고 어렵다는 이유로 간과하지 말고, 서툴더라도 최선을 다하면 아이는 엄마의 정성에 반응하게 될 거예요. 이 과정에서 엄마도 정서적으로 충만함을 경험하게 됩니다. 이렇게 한 걸음 한 걸음씩 정서적으로 소통하게 되면 마침내 교감을 경험할 수 있게 됩니다.

같은 곳을 바라보며 교감해요

서로 주고받으면서 함께하는 '공유'의 경험은 육아에서도 아주 중요합니다. 그렇다면 어떻게 해야 아이와 함께 공유의 경험을 만들어갈 수 있을까요?

우선 틈나는 대로 아이에게 완전히 마음을 빼앗긴 것처럼 응시해봅니다. 그리고 아이의 행동을 관찰하고, 행동에 맞추어 자극을 주거나 반응할 타이밍을 찾아봅니다. 이때 자극의 유형과 반응의 강도를 조절해나가야 합니다. 아이와 지속적으로 상호작용할 태세를 유지하면서, 반응은 아이의 속도에 따르는 것이 중요합니다. 그렇게 하려면 아이가 무엇에 흥미를 보이는지 긴밀하게 살피고, 아이가 쳐다보는 곳을 함께 쳐다보면서 주제를 공유해야 합니다. 이것은 응시하는 것보다 한 단계 발달된 교감이 이루어지는 과정입니다.

그래서 부모가 먼저 아이의 시선을 알아채고 따라가는 것이 중요합니다. 예를 들어 아빠와 산책을 나온 아이가 어떤 대상에 흥미를 보이면, 아빠가 그것을 가리키면서 간단하게 말을 하는 거죠. "우리 ○○가 꽃을 바라보고 있네." 이렇게 이야기하면 아이는 꽃 근처로 더 다가갑니다. 그리고 꽃을 만지면서 무엇인가를 하려고 하지요. 그때 아빠가 꽃팔찌를 만들어주며 함께 놀이를 해보세요. 그 과정에서 부모와 아이가 마음을 나누며 공유를 경험할 수 있습니다.

이렇게 영유아기에 아이 중심으로 다양한 경험을 만들어가게 되면 아이는 타인과 자신에 대해 호감과 자신감을 갖게 됩니다. 이때 중요한 것은 아이가 어떤 대상에 관심을 가지고 있을 때 부모가 엉뚱한 대상으로 갑자기 관심을 전환하지 않는 것입니다. 아이는 바닥에 기어가는 개미를 보고 있는데, 부모가 갑자기 "어, 저기 나비가 날아가네?"라고 이야기하는 것은 바람직하지 않다는 의미지요.

종종 양육상담에서 만나는 엄마 중 자신은 아이에게 반응을 정말 잘한다고 생각하는데 아이는 엄마와 상호작용을 안 하려 하고

아이의 흥미를 살펴 상호교감 능력 키우기

짜증을 많이 낸다고 이야기하는 분들이 있습니다. 그런 경우 엄마와 아이의 놀이를 관찰해보면, 아이의 응시방향이나 대상에 따르지 않고 엄마가 생각나는 대로 아이의 관심을 전환하려는 경우가 많아요. 이렇게 엄마의 관심에 따라 일방적으로 이끄는 것은 바람직하지 않습니다.

흔히들 사랑은 '서로 마주 보고만 있는 것이 아니라, 같은 방향을 함께 바라보는 것'이라고 합니다. 그만큼 같은 방향을 본다는 것은 사람에게 매우 중요한 성장을 의미합니다. 중요한 것은 서로를 바라보는 과정을 먼저 거친 뒤에 같은 방향을 함께 보는 것입니다. 그래야 교감을 바탕으로 한 상호작용을 제대로 해나갈 수 있습니다. 엄마는 아이를 응시하고 교감하면서 아이가 바라보는 방향으로 눈을 돌려 그 대상을 함께 바라보아야 합니다. 그 대상으로 대화와 활동을 교환하면서 공유하는 경험을 만들어가는 것입니다.

공유의 경험을 만들어주는 놀이

- 곤지곤지 · 잼잼 · 짝짜꿍 · 도리도리 놀이
- 상자 안에 물건 넣고 꺼내기

- 방안에 있는 가구나 물건 손으로 가리키기
- 유모차 태우고 주변의 환경 손으로 가리키기
- 태엽장난감 감아서 움직임 보여주기
- 서랍에서 좋아하는 장난감 찾기
- 블록 두 개 손에 쥐고 부딪치는 흉내 내기
- 크레파스로 그림 그리기
- 신발·양말·모자를 아이에게 주기
- 볼링 핀 쓰러뜨리기
- 던져서 표적 맞추기
- 엄마와 함께 간단한 퍼즐 완성하기

눈높이를 맞추며 함께해요

아이의 월령이 점점 높아질수록 아이와 부모의 관계가 차츰 더 대칭적으로 형성되어 갑니다. 어느 한 쪽이 이끄는 것이 아니라 아이와 부모가 번갈아가면서 놀이를 진행한다는 의미입니다. 물론 부모가 매우 주의를 기울여 아이와 충돌이 없도록 속도를 맞추는 역할을 하지만 비교적 자연스럽게 대칭적인 역할이 되어갑니다.

각자의 순서를 기다리고, 나와 상대방의 차이를 발견해가면서 '따로' '또 같이' 하는 대칭적 상호작용의 즐거움을 몸으로 느끼게 되는 것이지요.

아이는 혼자 하는 것보다 같이 하는 것, 일방적으로 하는 것보다 주고받는 것이 더 재미있다는 것을 경험합니다. 이렇게 하면서 점점 규칙을 지킬 수 있는 능력을 갖게 되고, 유아기부터는 간단한 운동이나 게임, 더 발전하면 그룹 놀이도 할 수 있게 됩니다. 그 과정에서 인지 발달에서 중요한 '조망수용 능력'도 촉진되지요. 조망수용 능력은 타인의 입장에 놓인 자신을 상상함으로써 타인의 의도나 태도 또는 감정을 짐작하는 능력을 말하는데, 이 능력이 있으면 상대방을 배려하고 학습하는 데 많은 도움이 됩니다.

짝짜꿍 놀이

서로 돌아가며 색깔 공 넣기

반대로 규칙을 못 받아들이면 또래나 부모, 교사와 충돌하게 되고, 결국 그룹에서 배제됩니다. 그렇기 때문에 영아기부터 시작한 아이와 부모의 대칭적 상호작용은 아이가 자라면서 다양한 활동을 하고 사회적 관계를 확대하는 데 긍정적 역할을 합니다.

그런데 부모와 아이가 상호작용하는 것을 녹화하여 관찰하다 보면, 부모가 주도적으로 상황을 이끌어가거나 반대로 전혀 대칭적 반응을 하지 않는 경우를 종종 발견하게 됩니다. 두 가지 모두 바람직하지 않지요. 쿵짝, 쿵짝, 쿵쿵짝, 쿵짝짝 리듬을 타면서 놀이를 해가는 것이 좋습니다. 아이와 호흡을 맞추어가면 육아가 즐겁고 수월해질 것입니다.

아이와 부모가 함께하면 좋은 놀이로 주고받기 놀이, 까꿍 놀이, 짝짜꿍 놀이가 있습니다. 이런 놀이를 통해 아이는 '아, 이럴 땐 차례차례 하는 거구나.' 하는 규칙을 자연스레 배우게 됩니다. 또 교대하기, 역할 교환을 반복하면서 서로 동등한 역할을 하는 사회적 기술을 경험으로 습득할 수 있지요. 이렇게 대칭적인 상호작용 방식을 경험한 아이는 욕심을 조절하고, 상대방의 상황을 이해하는 능력을 키워나가게 됩니다. 외부의 상황에도 성숙하게 대처하고 적응할 수 있는 힘이 생기는 것이지요.

대칭적 상호작용을 키워주는 놀이

- 주고받기 놀이
- 역할 교환 놀이
- 시소 타기
- 퍼즐 번갈아 맞추기
- 가위바위보 놀이
- 전화 놀이
- 술래잡기 놀이
- 그림 반쪽 완성하기
- 서로 돌아가며 색깔 공 넣기
- 짝짜꿍 놀이

아이의 소통 능력을 키워주세요

너무나 예쁜 우리 아이. 잘 먹고 잘 자고 잘 크는 것만 해도 감사한 일입니다. 하지만 그런 만큼 신경 써야 할 것이 바로 '소통 능력'입니다. 육아를 잘하기 위해 부모가 소통 능력을 키워야 된다는 것은 알겠는데, 왜 아이에게도 소통 능력이 필요할까요? 소통 능력이 없다면 과연 어떤 문제가 생기는 걸까요?

소통 능력이 뇌를 성장시켜요

아이는 무한한 잠재력과 융통성 있는 뇌를 가지고 태어납니다. 아이의 뇌는 다양한 경험을 하는 동안 쉼 없이 성장하지요. 경험이 거미줄처럼 연결되는 과정을 통해 앞으로 살아가는 데 필요한 상호작용 능력이 장착된 뇌로 성장합니다. 이것이 바로 '사회적 뇌'입니다.

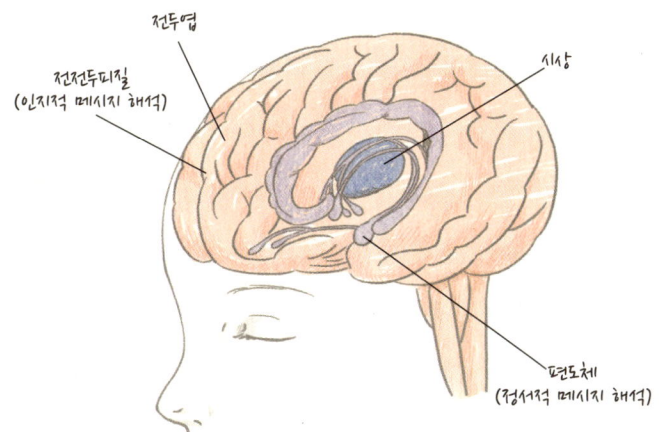

사회적 뇌와 관련된 뇌 구조

　뇌의 편도체라는 곳에서는 사회적 경험을 통해 정서적 메시지를 해석합니다. 그리고 뇌의 전두엽 앞부분에 위치한 전전두피질에서는 사회적 정보를 통해 인지적 메시지를 해석하고 대처 방법을 찾아줍니다. 다시 말해 '아, 이 행동은 옳지 않아. 지난번에도 엄마가 속상해하신 적이 있어.' 하는 판단을 하고 다른 방법을 찾을 수 있게 한다는 것입니다. 따라서 아무리 우수한 뇌를 가지고 태어났다 하더라도, 사회적 경험 없이는 상호작용할 수 있는 능력을 갖는 것이 쉽지 않습니다.

실제로 사랑받지 못하고 자란 아이들은 주위 사람들과 어울리는 데에서 기쁨이나 즐거움을 느끼지 못하고, 야단을 맞아도 별로 개의치 않고 무덤덤하며 무관심한 반응을 보입니다.

한 사례로 계획 없는 임신과 출산으로 태어날 때부터 환영받지 못한 아이가 있었습니다. 이 아이는 부모의 사랑을 받지 못하고 원망의 대상이 되어버렸지요. 언제나 부부 싸움의 원인이 되어 늘 싸우는 소리에 노출된 채 성장했습니다. 그러자 돌이 될 때까지 방긋방긋 잘 웃던 아이가 점점 웃음을 잃고 사람들이 주는 관심에도 반응하지 않았어요. 부모에게 혼나는 횟수가 늘어나면서 혼나는 것에 대해서도 무덤덤한 반응을 보이기 시작했고, 유치원에서 친구들과 어울리지 않게 되었습니다.

이처럼 애정적 돌봄을 받지 않은 아이는 마치 뇌손상을 입은 사람과 유사합니다. 특히 영유아기에 부모로부터 따뜻한 사랑과 신뢰, 사회적 유대를 경험하지 못하면 사회적 뇌 발달이 정상적으로 이루어지지 않습니다. 그렇게 자란 아이는 성인이 되어 배우자를 찾고, 친구를 만나며, 직업을 가지고, 정상적인 생활을 유지하는 데 어려움을 겪을 수 있지요.

반대로 보살핌을 받은 아이는 안전한 것과 그렇지 않은 것을 구분하는 능력을 터득하며, 부모에게서 안정을 찾고 사회성을 키우며 적응해나가기 시작합니다. 실제로 쥐를 이용한 실험에서도 비슷한 결과가 나왔습니다. 어미 쥐가 새끼 쥐를 달래고 보듬어주었을 때, 새끼 쥐는 평생 스트레스에 대한 보호 장치를 갖게 되었고 새로운 탐험에도 도전하는 용감한 행동을 보였습니다.

소통 능력으로 정서적 메시지를 주고받아요

아이들은 '졸려요. 재워주세요.' 하는 의미로 칭얼거리기도 하고, '엄마, 웃는 거예요? 나도 기분 좋아요.' 하는 마음으로 따라 웃기도 합니다. 이것은 아이가 부모로부터 정서적 메시지를 받을 수도 있고 직접 보내기도 한다는 뜻입니다. 아이는 태어날 때부터 고통과 즐거움의 기본 정서를 가지고 있는데, 이것은 각각 독특한 방식으로 표현되며 특정 감정 톤과 연합되어 있습니다.

예를 들어 아이가 고통스러울 때는 눈살을 찡그리고 입이 아래로 처지는 표정을 보이고, 울음으로 표현합니다. 배고픔, 분노, 고통, 불쾌함 등의 정서와 연합된 독특한 유형의 울음이지요. 이러한 사인은 비슷해 보여도 각각 다른 메시지를 전합니다. 부모는

'아, 큰 소리로 우는 걸 보니 배가 고파서 우는 거구나. 기저귀가 축축해서 울 때는 징징대더니 경우마다 조금씩 다르네.' 하며 점차 울음의 차이를 구별할 수 있게 되지요.

아이가 즐거울 때도 특별한 반응으로 사인을 보낼 수 있습니다. 아이는 태어날 때부터 미소를 지을 수 있지만 타인에 대한 반응으로서 미소를 처음 보이는 것은 대략 생후 6주부터입니다. 미소는 아이의 매력을 증가시킴으로써 부모가 아이에게 더욱 집중하도록 만들고, 더 함께 있고 싶다는 마음이 들게 해주지요. 이렇듯 아이가 부모에게 보내는 정서적 메시지는 부모의 육아감각을 촉진하는 데 중요한 역할을 합니다. 그 메시지를 잘 파악하고 반응해주는 과정이 아이와 호흡을 맞추는 첫 번째 과정이라고 할 수 있지요.

아이가 선천적으로 가지고 태어나는 미소와 울음은 아이의 생존에 기여하는 사회적 신호장치 social signalling devices 입니다. 미소와 울음이라는 간단한 의사소통 패턴 덕분에 아이는 부모와 쉽게 결속이 됩니다. 물론 처음에는 미소와 울음이 원시적이고, 자동적이며, 반사적으로 유발되기 때문에 부모에게 긴장감을 주고 해석을 어렵게 합니다. '왜 우는 거지? 알 수가 없네. 어떻게 하지?' 하며 답답함에 울음이 터지기도 하지요.

그럴 때는 이렇게 생각해보세요. 아이의 신호를 누구나 쉽게 해석할 수 있다면 '부모'의 역할이 무의미해질 수도 있습니다. 모든 사람들이 알아채고 읽을 수 있는 사인이라면 굳이 부모에게 전적으로 의존할 이유가 없기 때문입니다. 오히려 아이의 불완전한 상태가 부모와 호흡을 맞출 수 있는 여지를 주지요. 그래서 다른 사람은 모르지만 정서적 메시지를 주고받은 부모만이 알 수 있는 부분이 생기기 시작합니다. 아이에게 부모가 세상에서 제일 중요한 사람이 되는 것이지요.

아이는 세상에 태어나서 힘들고 어려운 순간에 마음을 알아주고 따뜻하게 반응해준 사람을 마음에 새긴다고 합니다. 어른도 힘들 때 함께 해준 사람을 잊을 수 없듯이, 아이 역시 생존을 위해 적응하고 있는 그 순간에 지켜준 부모를 생명줄과 같이 여기게 됩니다. 부모라면 이 사실에 큰 기쁨과 책임을 함께 느낄 것입니다.

소통 능력으로 다양한 상호작용이 가능해져요

아이가 보내는 정서적 메시지는 웃음이나 울음에서 훨씬 복잡하고 세련된 의사소통 패턴으로 발전하게 됩니다. 물론 저절로 되는 것은 아닙니다. 부모가 양육을 통해 다양한 경험이 아이의 사회적 뇌를 자극하여 의사소통 능력을 키울 수 있도록 도와주어야 합니다.

아이는 마음속으로 목표한 대상이 보이는 반응을 기준으로 새로운 상호작용의 방식을 배워갑니다. 예를 들면 '어, 엄마가 내 울음에 계속 반응을 하네?'라고 학습이 되면 울음을 의도적인 신호로 사용할 수 있게 됩니다. 미소도 마찬가지입니다. 아이가 자신이 지은 미소의 힘을 발견하게 되면 사회적 관계를 맺거나 적응하는 데 필요한 레퍼토리로 사용할 수 있게 됩니다.

이렇게 부모와 아이 사이에 사인과 반응의 안정적인 패턴이 자리 잡으며 월령이 생후 4~5개월이 되면 주변을 인식하는 데 주목할 만한 변화가 일어납니다. 예전에는 부모의 얼굴에만 초점을 맞추었지만 점차 주위 사물에도 관심을 보이기 시작하지요. 이러한 변화는 아이의 시각과 손 근육의 발달, 세상에 대한 호기심 덕분입니다. 이때부터 아이에게 또 다른 새로운 세상이 열리게 되는 것입니다.

따라서 생후 4~5개월 이후부터는 아이의 양육 환경에 더욱 신경을 써야 합니다. 부모의 얼굴이 친숙해질수록 아이의 눈에 새로운 사물이 들어오기 때문이지요. 딸랑이, 치발기, 젖병, 스푼과 같은 사물로 관심이 쏠리면서 '아이-부모-사물'의 3자적 상호작용이 시작됩니다.

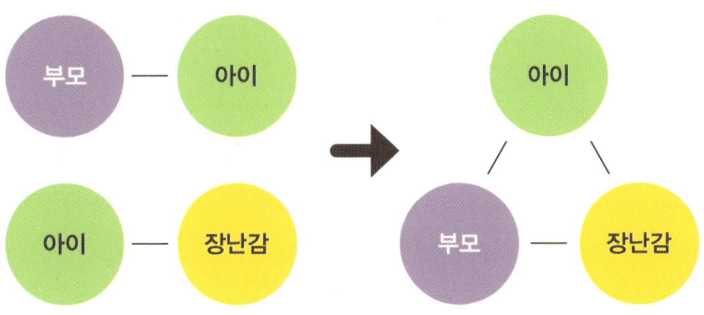

3자적인 상호작용으로 변화하는 단계

이 시기의 아이는 주의력이 제한적이어서 한 번에 한 대상에게만 집중할 수 있고, 다른 대상으로 초점을 유연하게 옮기지 못합니다. 그래서 부모와 아이가 마주보고 놀이를 하거나 아이가 혼자 장난감을 가지고 노는 건 할 수 있지만, 부모와 장난감을 가지고 함께 노는 것은 쉽지 않습니다. 이때 놀이 상황을 바꾸는 것은 절대적으로 부모의 역할에 달려 있습니다.

부모-아이-사물
3자적 상호작용 놀이

아이의 3자적 상호작용을 돕기 위해서는 다양한 기술이 필요합니다. 이것은 모든 사회적 상호작용의 기본이 되고, 연령에 따라 그 의미와 적용 방법이 발전하지요. 아이와 함께 쉬운 것부터 실행하다 보면 막연하게 아이와 놀아준다는 의무감에서 벗어나 부모의 생각이 아이에게 반영되는 것을 경험하면서 육아의 즐거움을 느낄 수 있을 것입니다. 아이 역시 부모가 '톡' 하고 건드려주어야 나올 수 있는 잠재된 능력이 새싹처럼 돋아나 고개를 내미는 것을 경험하면서 스스로 행복을 만들어갈 수 있는 아이로 자라나게 되지요.

가리키기 행동

아이가 앉을 수 있는 월령이 되면 부모와 같은 방향으로 시선을 둘 수 있습니다. 이때부터 부모는 사물을 향해서 손가락으로 가리키는 행동을 해주는 것이 좋습니다. 이런 행동은 아이의 관심을 세상으로 향하게 하는 데 매우 중요한 역할을 합니다.

이 행동은 아이의 연령이 높아지면서 의사표현의 도구로 많이 사용됩니다. 아주 간단한 놀이이자 양육 기술이기 때문에 누구나 할 수 있고, 발달 과정에서 반드시 필요한 행동이지요. 주의할 점은 아이가 너무 정신없게 여러 방향으로 혹은 너무 오랫동안 유도하는 것은 바람직하지 않습니다. 어느새 피곤하고 지루해진 아이는 딴 곳을 바라보게 되고, 부모와의 상호작용을 거부할 수 있기 때문입니다.

함께 바라보기

아이가 흥미를 가지는 대상이나 상황을 함께 바라보며 눈 맞춤을 하는 놀이입니다. 아이와 부모 사이에 있는 장난감이나 음식, 사진, 그림, 책 등 다양한 사물들이 대상이 될 수 있어요. 이 행동은 누군가와 무엇인가를 함께하는 능력을 키워주는 기초가 됩니다. 향후 친구와의 놀이, 협동 작업 등을 원만하게 할 수 있게 도와주지요.

주의 따르기

부모가 초점을 맞추고 있는 사물이나 상황에 함께 주의를 기울이도록 보내는 사인을 아이가 따라가는 능력입니다. 아빠가 사과나

무에 달린 사과를 손가락으로 지목할 때, 아이가 사과를 바라본다면 주의 따르기 능력이 있는 것입니다. 주의 따르기는 아이가 부모와 소통할 때 새로운 정보에 집중하고 관심을 보이는 데 필요한 인지 기술입니다. 누구나 할 수 있는 쉬운 기술 같지만 그렇지 않은 경우도 있어요. 이렇게 주의 따르기가 어려운 아이는 상호작용에 어려움을 유발합니다.

주의 전환하기

아이가 어떤 물건을 한참 가지고 있다가 지루해할 때, 부모가 새로운 장난감을 가지고 와서 아이의 주의를 전환시킬 수 있습니다. 이때 아이가 집중해서 놀이를 하고 있을 때 갑자기 끼어들어 주의를 전환시키려고 하면, 아이가 짜증을 내거나 집중력이 짧아지면서 산만해지고, 의존성이 높아질 수도 있으니 그 전환 시점을 잘 포착하는 것이 중요합니다.

  주의 전환이 잘 안 되는 아이는 경우에 따라 수용성이 낮고 고집이 강하며, 반응 속도가 느린 것일 수도 있어요. 아이와 놀이를 통해 주의를 전환시키며 아이의 수용성을 키워주는 것은 사회성과 인지 발달에 도움이 됩니다.

숨기는 놀이하기

장난감과 같은 사물을 보자기로 가리거나 상자에 넣고 나서 아이의 얼굴을 쳐다보고 눈을 맞춰보세요. 그러면 아이는 그 사물에 대한 이미지를 그리게 됩니다. 이미지를 통한 소통은 감각적·대면적 소통보다 한 단계 더 발달한 고차원의 소통으로, 언어 발달과 추상적 사고의 바탕이 됩니다. 사물을 숨기는 놀이는 아이와 함께 간단하게 즐길 수 있는 수준 높은 놀이라고 할 수 있습니다.

언어 사용하기

말을 할 수 있는 아이뿐 아니라 아직 언어 발달이 이루어지지 않은 아이에게도 지속적으로 말을 걸어주어야 합니다. 알아듣지 못해도 말을 하면서 표정이나 손짓으로 상호작용을 하면 아이는 부모가 하는 말과 뉘앙스에 주의를 기울이면서 언어적 감각을 키우게 됩니다. 말문이 트이지 않은 상태에서의 소통은 상대방의 표정과 감정에 매우 주의를 기울여야 하기 때문에 수용성 언어를 발달시켜 줍니다. 수용성 언어는 타인의 말을 이해하고 받아들이는 언어 능력으로, 공감하는 데 필요합니다.

이러한 능력은 저절로 만들어지지 않습니다. 다른 사람의 말을 충분히 이해하고 받아들이는 훈련이 필요하지요. 종종 엄마가 유난히 말이 많은 것에 비해 언어소통 능력이 낮은 아이가 있습니다. 보통 엄마가 말을 많이 하는 만큼 아이도 할 수 있는 말은 많아집니다. 하지만 엄마가 너무 빠른 속도로 이야기하고 아이가 이해할 틈을 주지 않으면 아이 또한 생각하지 않고 빨리 말하는 것이 습관이 되지요. 아이에게 말을 할 때는 충분히 이해하고 생각할 여유를 주어야 합니다. 상대방이 한 말을 제대로 이해하고 반응할 때 진정한 소통이 이루어지기 때문이지요.

아이의 교감 능력을 높이는
'표상 놀이와 조망수용 놀이'

...

대부분의 사람은 눈앞에 없는 사물을 이야기하면서도 대화하는 데 지장을 받지 않습니다. 그러나 때때로 눈앞에 없는 사물을 이야기할 때 어려움을 보이는 사람들이 있습니다. 금방 떠올리지 못한다든지, 많은 설명을 필요로 한다든지 다양한 양상으로 대화가 원활하게 이루어지지 않는 경우가 있습니다. 그러한 경우 대화를 따라가지 못하는 사람은 위축되거나 대화의 즐거움을 만끽하기 어렵지요.

특히 이런 아이들은 말을 빠르게 이해하지 못해서 혼나거나, 친구들과 어울리는 데도 어려움이 생깁니다. 뿐만 아니라 유치원이나 학교에 적응할 때 불안감을 느끼고, 수업시간에 선생님의 설명을 따라가지 못해 딴 생각을 하거나 공부하는 즐거움을 놓치게 됩니다. 이런 증상을 보이는 이유는 무엇일까요?

사물이나 어떤 상황의 이미지를 떠올리는 것을 '표상 능력'이라고 하고, 다른 사람의 입장이나 다른 관점에서 사물이나 상황을 이해하는 것을 '조망수용 능력'이라고 합니다. 이 두 가지 능력이 부족하면 대화의 속도를 제대로 따라가지 못하고, 대화의 내용을 충분히 이해하기 어렵습니다.

대부분의 아이는 타고난 능력의 영향을 받기도 하지만, 영유아기에 이 두 가지 능력을 키울 수 있는 경험이 반드시 따라주어야 해요. 영유아기에 경험되지 않으면 성인이 되어 개발하는 것이 쉽지 않습니다. 그러므로 영유아기에 간단한 놀이를 통해 의도적으로 경험하게 도와주면 좋아요. 이렇게 표상 능력과 조망수용 능력을 키워주면 소통 능력뿐 아니라 교감 능력도 향상됩니다. 아래에 소개하는 놀이들을 통해서 아이의 두 가지 능력을 쑥쑥 키워주세요.

○ 까꿍 놀이

얼굴 전체 가리기, 눈만 가리기, 손으로 가리기, 천으로 가리기 등 다양한 방법으로 시도해보세요.

○ 물건 보자기로 감추기

먼저 물건을 보여준 뒤 보자기로 덮어보세요. 아이가 보자기를 들추게 한 뒤, 그 순간을 놓치지 말고 아이와 눈맞춤을 하면서 "찾았다!" 하고 이야기해주세요. 같은 놀이를 반복하면서 즐거움을 맘껏 느껴보세요.

○ 그림 카드 찾기

사물이 그려진 그림 카드 2장을 손가락으로 가리키면서 보여주세요. 그다음 카드를 바닥에 뒤집어놓고, 그중 하나의 이름을 말하면서 찾아보라고 해보세요. 성공할 때까지 반복하고, 3번 이상 성공하면 카드를 3~5장으로 늘려보세요.

○ 상자에 넣어둔 물건 기억하기

자물쇠가 있는 상자에 아이가 좋아하는 장난감을 넣고 잠근 뒤, 다음 날 상자에 어떤 물건이 들어 있는지 떠올리게 해보세요. 기억하지 못하면 한 번 더 보여주고 다음 날 다시 물어봐주세요. 성공할 때까지 반복하고, 성공하면 다른 물건으로 시도해볼 수 있어요.

○ 이미지를 떠올리는 노래 부르기

"바나나는 길어, 길면 기차"와 같이 사물이나 사람을 떠올리는 노래를 불러주세요. 처음에는 느리게 부르다가 차차 빠르게 부르면서 자동적으로 이미지가 떠오르게 해주면 됩니다.

○ 시간 차이를 두고 질문하기

낮에 먹은 간식이 무엇인지 저녁에 다시 물어봐주세요.

아이가 친구와 놀았다면 다음 날 함께 놀았던 친구의 이름을 물어봐주세요.

○ **주머니 안의 물건을 만져서 이름 맞추기**
눈을 감고 주머니 안에 넣은 물건을 만져본 후 이름을 맞춰보도록 하세요. 공, 자동차, 블록, 컵 등 알아맞히기 쉬운 물건을 대상으로 다양하게 시도해 볼 수 있어요.

○ **사물의 전체와 부분 관찰하기**
강아지 인형을 눈, 코, 입, 꼬리 등 부분으로 나누어 관찰하게 해주세요. 하얀 강아지, 누런 강아지, 검은 강아지 등으로 분류하여 전체적인 이미지도 함께 살펴보게 해주세요.

○ **사물을 다양한 방향에서 바라보기**
한 가지 사물을 위아래, 좌우, 앞뒤 방향으로 바라보게 하고, 바라본 방향에서 어떻게 보였는지 이야기하도록 물어봐주세요.

○ **친구의 마음 이야기하기**
울고 있는 친구나 웃고 있는 친구의 마음이 어떨지 물어봐주세요. 그림책을 보면서 그림에 나온 등장인물의 마음을 이야기하는 것도 좋은 방법입니다.

아이의 교감 능력을 높이는
'언어, 노래, 그림 놀이'

...

언어, 노래, 그림은 사람과 사람이 감정, 생각을 주고받는 의사소통 도구입니다. 그러나 어려서부터 그 사용 방법을 제대로 배우고 충분히 경험해야 어른이 되어서 잘 사용할 수 있습니다. 그렇지 않은 경우에는 의사소통이 원활히 이루어지지 않고, 교감을 하기 어렵습니다. 소통과 교감을 놓치면 아이도 어른도 건조하고, 답답하고, 외로운 생활을 하게 됩니다.

일상의 생활 속에 자연스럽게 언어, 노래, 그림 놀이가 스며들 수 있도록 틈틈이 아이와 소통하고 교감 하는 시간을 가져보세요. 아이와 엄마의 교감 능력이 쑥쑥 올라가면서 행복한 경험, 긍정적 정서의 마일리지가 겹겹이 쌓이게 된답니다. 그 마일리지는 슬프고 외로울 때, 고통스럽고 힘들 때 마음의 에너지로 전환되어 위로와 회복을 가져다 줍니다.

다음에 소개하는 14가지 테마의 동요와 동화 목록을 만들어 노래를 불러주거나 이야기를 들려주세요. 함께 그림을 그리거나 이야기를 나누는 것도 아주 좋답니다.

○ **노래를 부르며 배우기**

- 율동을 함께할 수 있는 동요 외우기
- 표정을 지으며 감정을 표현하는 동요 부르기
- 재미있는 동요 신나게 부르기
- 가족이 함께 전래동요 배우고 부르기
- 신체를 배우는 동요로 신체 이름 알아가기

○ **동화를 통해 다양한 표현 배우기**

- 의성어가 들어간 동화를 읽어주면서 아이와 즐거움 나누기
- 의태어로 표현된 동화를 읽어주면서 동작으로 표현하기
- 다양한 행동이 표현된 동화를 읽어주면서 행동 따라 하기
- 다양한 표정이 들어간 동화를 읽어주면서 표정 지어보기
- 엄마 아빠가 만든 동화 들려주기
- 엄마 아빠가 동화 속의 역할을 주고받는 모습 보여주기

○ 그림 그리며 대화하기

- 해, 달, 별, 바다, 강, 산, 동식물, 계절이 표현된 동화를 읽고 떠오르는 이미지 그리기
- 동그라미를 그리고 나서 아이, 엄마, 아빠의 얼굴 그리기
- 네모를 그리고 나서 네모 모양의 장난감 그리기

PART 2

육아감각을 키우는 아이발달 이해

1

신체적 성장 발달을 이해해요

부모의 육아감각을 키우기 위해서는 아이의 발달 과정을 이해해야 합니다. 육아는 지속적으로 성장하는 아이에 맞게 해야 하고, 교감은 아이의 눈높이에 맞게 이루어져야 하기 때문이지요. 그러기 위해서는 부분적으로 떠도는 정보를 주섬주섬 바구니에 담듯이 취합해서는 곤란합니다. 아이의 발달을 전체적 흐름을 타고 이해할 수 있어야 합니다. 발달 순서, 원칙, 전체적 흐름을 알아가다 보면 어느새 남다른 육아감각과 교감 능력을 갖게 된답니다.

월령과 연령은 왜 중요할까요?

"우리 아이는 이제 6개월이 되었어요. 그런데 아직 또래들보다 늦어요."라고 걱정하는 부모들이 많이 있습니다. 이런 비교가 가능한 것은 월령이 어느 정도 되면 어떤 것을 할 수 있어야 하고, 몇 살에는 어느 정도 성장을 해야 한다는 기준이 있기 때문입니다. 아이의 발달을 제대로 체크할 수 있는 월령과 연령에 대해 알아봅시다.

아이의 성장 과정을 이해해요

자녀의 능력에 대한 이야기는 동서고금을 막론하고 모든 부모에게 중요한 관심사입니다. 학자들에게도 아동의 능력은 중요한 연구 주제입니다. 하버드대의 아동 프로젝트에서 버튼 L. 화이트 교수를 중심으로 한 아동학자들은 '왜 몇몇 아동은 다른 아동보다 더욱 잘 대처할까?'라는 의문을 가졌습니다. 그리고 그에 대한 답을 찾고자 약 400명의 취학 전 아동을 대상으로 인지적·사회적 능력에 대한 평가를 했습니다.

그 결과 가장 능력 있는 A등급 아동의 경우, 지적 능력, 복잡한 활동을 계획해서 수행하는 능력이 탁월했습니다. 또 과제집중력, 언어구사력도 좋았으며, 사회적 능력도 적절했습니다. 정서적 영역에서도 애정과 적절한 공격성 모두를 보여주었고, 자신의 성취에 대한 자부심을 가지고 있었습니다.

과연 이 아동의 능력에 영향을 준 것은 무엇이었을까요? 연구 결과, 부모의 양육 방식과 큰 연관이 있다는 것을 알아냈습니다. 취학 전의 아이들은 탐색이 왕성해지면서 활동이 많아집니다. 그리고 가장 많은 시간을 부모와 함께 보내며 애착을 형성하는 시기입니다. 때문에 이 시기에 아이의 행동에 대한 부모의 반응이 중요한 요인으로 작용합니다.

아동의 발달은 영역에 따라 최대발달을 이루는 시기가 다른데, 그 시기에 맞추어 발달을 돕는 것이 가장 효과적입니다. 따라서 능력 있는 아이로 자라기를 바라는 부모라면 아이의 발달 속도를 이해하고 영역별 발달 시기를 알아야 합니다. 그리고 아이의 발달을 긍정적으로 촉진하는 환경을 만들어주고 적절한 발달 자극을 해주는 것이 필요합니다.

이때 발달의 과정을 알고 이해하는 것은 매우 중요합니다. 흐름을 이해하지 못하고 부분적으로만 알게 되면 육아의 방향을 잃게 되어 시행착오를 거듭하게 되지요. 때문에 자녀의 태아기부터 청소년기까지의 큰 발달 맥락을 이해하고, 영유아기·학령기·청소년기 단위로 각 시기의 중요한 발달 특징과 자녀의 발달 시기에 이루어지는 구체적인 발달 내용을 알아야 후회하지 않는 육아를 하게 됩니다.

발달 흐름에 맞게 양육 목표를 세워보세요

과거에는 가족과 친척, 넓게는 동네에서 아이들이 성장하는 것을 보거나 직접 아이를 돌보는 경험을 했습니다. 하지만 요즘은 그렇지 않습니다. 다시 말해 아이의 성장을 경험이 아닌 책과 교육을 통해 알아가야 하는 상황에 놓여 있습니다. 그러다 보니 평균이라는 개념이 생기고 발달 수치에 대한 과도한 집착과 비교, 더 나아가 불안을 느끼는 부작용도 생겼습니다. 물론 발달수치와 평균은 아이의 성장을 객관적으로 보는 데 필요한 기준이 됩니다. 하지만 더 중요한 것은 영유아의 주요한 발달의 흐름을 이해하고 그 흐름

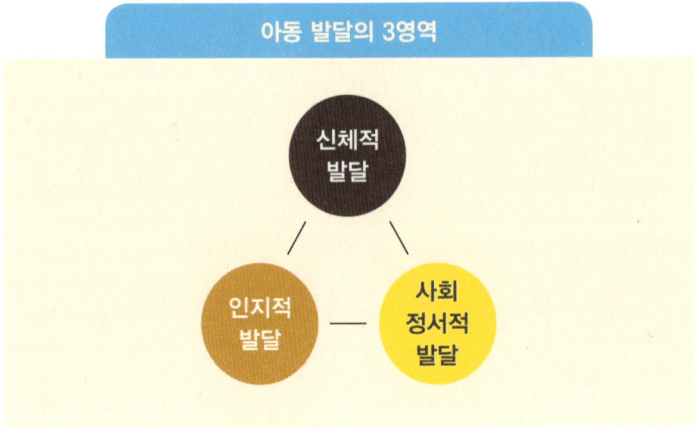

에 따라 아이를 키우는 것입니다.

특히 각 영역의 발달은 서로 연관되어 있기 때문에 특정 발달 영역에 치우쳐 한 부분에만 집중하면 안 됩니다. 아이가 걸을 수 있으려면 신체와 운동 능력이 발달되어야 하고, 걸어서 세상으로 나아가야 탐색을 통해 인지 발달이 촉진되지요. 세상으로 나아가 탐색하는 아이는 이 과정에서 또래를 만나게 됩니다. 부모는 아이가 또래놀이를 잘할 수 있게 협력 놀이나 주고받을 수 있는 다양한 놀이 환경을 만들어주어 즐거움을 경험하게 하는 것이 좋습니다. 그래야 '아, 친구와 노는 것은 정말 즐겁구나.' 하고 느끼게 되지요.

결국 사회성 발달이 최종목표라면 스스로 세상에 자유롭게 나아갈 수 있는 운동 발달이 선행되어야 합니다. 친구와 함께 놀고 싶은 의지, 자신의 의사를 표현할 수 있는 언어적·비언어적 발달, 소통하기 위한 인지 발달 등이 연결되어 전체적인 발달이 이루어지지요. 이때 어느 하나라도 발달이 잘 이루어지지 않았다면 사회성 발달의 목표를 이루는 데는 무리가 있을 것입니다.

능력 있고 건강한 아이로 양육하려면 발달의 전체 맥락에 따라 큰 그림을 그리고, 연령과 월령에 맞는 작은 양육 목표를 정하세요. 그리고 아이의 개인차를 고려하여 차근차근 발달을 도와주어야 합니다. 균형잡힌 속도로 양육하는 것은 건강한 발달에서 매우 중요한 양육 원리이기 때문입니다.

적절한 발달자극을 해주세요

영유아에게 무엇인가를 가르치려면 그것과 관련된 신체·인지·정서의 성숙이 이루어져야 합니다. 아직 서 있을 준비가 안 되었는데 보행기를 태우거나, 걸을 준비가 안 되었는데 걷는 연습을 시키는 것과 같은 무리한 자극은 좋지 않습니다. 반대로 아이가 스스로 무엇인가를 시도하려는 시기에는 그 행동을 연습할 수 있도록 환경을 만들어주고 적절한 자극을 해주어야 합니다.

예를 들어 뒤집기를 하려는 아이에게는 넓게 요를 펴주고, 살짝 손으로 받쳐 도와주면서 뒤집기를 반복해서 할 수 있도록 이끌어 주어야 합니다. 또한 아이가 수저를 사용하려는데 바닥에 흘리는 것이 싫어서 "엄마가 해줄게." 하며 사용을 막거나, 가위질하는 것이 위험하다고 무조건 차단해서는 안 되지요. 번거롭더라도 수저를 사용하게 하고 안전가위를 사용할 수 있게 해서 아이행동을 촉진해주어야 합니다.

때때로 육아상담을 온 엄마에게서 반짝반짝 빛나는 육아감각을 발견합니다. 언젠가 아이에게 아주 적절한 자극을 주는 엄마를 만난 적이 있습니다. 24개월된 아이는 성격이 급하고 영리하며 호기심이 많아 무엇인가 신기한 것을 발견하면 아주 유쾌하게 웃지만 뭔가 생각한대로 빠르게 진행되지 않으면 갑자기 짜증을 내었습니다. 엄마는 이 시기에 아이가 사물에 대한 관심이 많고 탐색이 중요하다는 것을 알고 있었어요. 그래서 아이의 급한 성격을 고치려고 하기보다 먼저 다양하고 손쉽게 탐색할 수 있는 환경을 만들어주기로 했다더군요. 그리고 앞으로 어떤 자극을 주는 것이 도움이 되는지 알고 싶다고 했습니다. 이렇게 노력하는 엄마는 육아감각이 더욱 발달하게 되고 아이는 적절한 자극을 받으며 성장해갈 수 있습니다.

덧붙여 성숙에는 개인차가 있다는 것을 알아야 해요. 아이의 발달이 발달지표와 다소 다르게 진행될 수 있다는 것을 인지하고, 아이의 발달 속도를 감안해야 합니다. 간혹 아이의 영역별 성숙시기를 판단하기 힘들다면, 아이가 시도하려는 행동을 통해 어느 정도 파악할 수 있습니다.

적절한 발달자극을 해주는 부모

예를 들어 아이가 장난감을 가지고 엄마에게 다가온다면, 무엇인가를 함께하려는 공유 행동이 시작되었다고 볼 수 있습니다. 아이가 처음 시도하는 행동을 수용하면서 함께하고, 아이가 주도하는 것을 따라가다가 점진적으로 한 단계씩 수준을 높여보세요. 아이의 즐거움이 배가 되면서 엄마 아빠와의 관계도 더욱 좋아지고, 발달이 촉진되어 아이의 능력이 더 향상될 거예요.

차근차근 아이의 발달 속도를 따라가요

"시계가 잘못 가고 있을 때는 거꾸로 돌리는 편이 현명하고, 산수를 할 때 잘못된 방식으로 계산을 시작했다면 빨리 그것을 인정하고 처음부터 계산을 다시 해야 더 신속히 답을 얻을 수 있다."는 C. S. 루이스의 말은 육아에도 적용됩니다. 모든 아이들이 똑같은 속도로 발달을 하는 것은 아니지만 혹시 너무 차이가 난다고 느껴진다면 하나하나 점검해볼 필요가 있어요.

태어나서 8개월까지

갓 태어난 아이는 태내 환경과 너무도 다른 세상에 적응하느라 긴장한 상태로 스스로 할 수 있는 모든 노력을 합니다. 이때 감각 있는 엄마 아빠는 아이의 적응 과정에 민감하게 반응하며 도와주지요. 그래야 아이는 건강한 발달을 할 수 있고, 안도감과 안정감을 느끼게 됩니다. 생후 8개월 동안 아이에게 반드시 해주어야 하는 발달 자극 중 다음의 3가지는 꼭 필요한 것이니 잊지 마세요.

엄마 아빠의 목소리를 들려주세요

아이의 얼굴을 바라보면서, 아이의 귀에서 15센티미터 정도 떨어진 곳에서, 혹은 아이와 2~3미터 떨어진 곳에서 부드럽고 행복한 음성으로 엄마 아빠의 목소리를 들려주세요. 이때 약간 톤을 높여 말하는 것이 좋답니다. 아이와의 대화, 부부의 대화, 노래, 책 읽는 소리를 통해서 엄마 아빠의 음성을 충분히 들려주세요. 아이가 안정감을 갖고 엄마와 아빠의 음성에 점점 더 귀를 더욱 기울이게 되면서 감성, 언어, 청각 집중력의 기초를 만들게 됩니다.

아이가 엎드려 놀 시간을 주세요

뒤집기를 시작한 아이는 종종 엎드린 자세를 통해 또 다른 세상을 경험합니다. 누워서 보았던 것과는 사뭇 다른 신기하고 재미있는 세상을 만나면서 궁금증이 생겨 자꾸 뒤집고 싶어지지요. 물론 몸이 힘들어서 낑낑거리지만 그 성취감은 힘든 것을 훨씬 넘어섭니다. 엎드린 자세를 하게 되면, 목과 어깨의 힘을 기를 수 있을 뿐 아니라 폐활량도 좋아지고 복부와 가슴근육이 발달합니다. 척추와 고관절도 안정되어 걸음마를 할 때 체중을 지탱할 수 있는 힘을 얻어 나중에 걷는 것이 수월해집니다. 때문에 최소 하루 5~10분씩 2~4회만이라도 반드시 아이가 엎드려 있도록 해주어야 해요.

1994년 미국소아과학회는 영유아돌연사 예방차원에서 '바로 눕혀 재우기 운동'을 시작했는데, 엎드려 있는 시간이 거의 없는 아이들에게 발달지체 가능성이 생긴 것을 발견했습니다. 그래서 미국소아과학회는 2005년부터 일정시간 아이를 엎드려 있게 하는 방법을 안내하고 있지요.

대상을 함께 보며 소통하세요

'함께 보기'는 다른 아이들과 상호작용하는 데 많은 영향을 줍니다. 엄마가 손가락으로 사물을 지목하여 "저기 ○○가 있네."라고 말하면서 아이 시선도 해당 사물에 머무르게 합니다. 이때 아이는 사회적으로 소통하는 능력을 키워가면서 사물을 통해 엄마 아빠와 소통하고 공감하며 학습할 수 있지요. 사람, 시선, 언어, 사물을 통해 공감, 소통, 학습을 할 수 있는 것은 사람이 살아가는 데 매우 중요한 능력으로 생애초기에 원만하게 형성되어야 이후 적응과 성장을 원활하게 할 수 있습니다.

8개월부터 24개월까지

아이가 태어난 지 8개월이 되면서부터는 입의 감각을 통해 즐거움을 경험하기 시작합니다. 입으로 충분히 세상을 인식한 후에는 손을 통해 좀 더 적극적으로 세상을 탐색하기 시작합니다. 돌 전후로 아이가 걷기 시작하고 손을 많이 사용하게 되면서 점차 자신의 의도대로 세상이 움직이기 시작한다는 것을 알아갑니다. 그러면서 자신감과 세상에 대한 호기심을 넉넉히 키워가지요. 이때 엄마 아빠가 저지르기 쉬운 네 가지 실수가 있습니다. 반드시 알아두어 아이의 발달을 방해하는 일이 없도록 하세요.

입으로 탐색하는 행동을 차단하지 마세요

영유아기의 입은 '제2의 뇌'라고 할 정도로 세상의 사물을 인식하는 중요한 감각기관입니다. 아이는 입술로 경험한 다양한 감각 정보를 뇌에 쌓고 조합해가면서 세상을 인식하게 되지요. 이때 아이가 물건을 입으로 가져가며 탐색하는 것을 막으면

입으로 탐색하는 행동

아이는 좌절하고 화를 내며 더 이상 하지 않거나, 눈치를 보면서 세상을 살피는 부정적 행동을 보이게 됩니다. 위험하거나 깨끗하지 않은 외부에서는 주의해야 하나, 집 안에서는 안전하고 깨끗한 환경을 만들어서 아이가 즐겁고 평안하게 탐색을 즐길 수 있도록 해주세요.

치아가 발달하는 과정을 체크해주세요

2,000명에 1명 정도는 태어날 때 이미 이가 나있는 경우가 있으나, 대부분 생후 6개월부터 젖니가 아래 앞니부터 나기 시작하여 24~30개월이 되면 20개의 젖니가 모두 나게 됩니다. 젖니는 아이가 음식을 잘 씹어서 소화할 수 있게 함으로써 성장발육을 도와주고, 발음을 정확하게 해주는 역할도 합니다. 영유아기에 손가락을 빠는 것은 자연스러운 현상이지만 손가락을 심하게 빨게 되면 부정교합의 우려가 있습니다. 너무 심하다고 느낄 때는 아이와 엄마가 손을 사용하여 더 즐겁고 안정감을 얻을 수 있는 상호작용을 해주는 것이 필요합니다.

충분히 걸을 수 있는 기회를 주세요

2,000번 이상 엉덩방아를 찧고서야 걷게 된 아이는 마침내 자신

이 세상에 스스로 다가갈 수 있게 된 것이 너무 신이 나서 넘어져도 자꾸 걷고 싶어합니다. 그런데 걱정스럽고 조급한 마음 때문에 엄마 아빠가 안아주려고만 한다면 아이는 좌절감을 느끼면서 의존성이 높은 아이가 될 수 있지요.

걸으려고 하는 아이를 자꾸 안아주면 점차 걷기 싫어하며 자꾸 안아달라고 떼를 쓸 수 있습니다. 엄마 아빠는 그제야 "스스로 걸어야지." 하고 거꾸로 말하게 되지요. 이렇게 발달을 거슬러서 양육을 하게 되면 모두가 힘들어집니다. 발달의 순리에 맞추어 아이가 걸을 수 있는 기회를 충분히 주세요. 많이 걸어야 두뇌 발달도 촉진됩니다.

손 사용을 통제하지 마세요

무엇이든 입으로 가져가는 시기가 있었다면, 무엇이든 손으로 만져보려는 시기가 옵니다. 대부분 돌 전후로 해서 음식, 살림살이, 물, 흙 등 눈에 보이는 것은 모두 손으로 만져보려고 하면서 집안을 난장판으로 만들기 시작하지요. 쏟고, 던지고, 흩어버리고, 빼고, 집어넣고 하면서 아이는 위대하지만 대책 없는 실험자가 됩니다.

손을 사용하는 것은 인간에게 매우 중요한 작업으로 몸과 뇌가 서로 소통하면서 원하는 행동을 할 수 있게 합니다. 밥을 먹는 것,

글씨를 쓰는 것, 컴퓨터를 다루는 것 등 일상에 필요한 모든 행위들이 이에 해당합니다. 그런데 이 시기에 손 사용을 너무 통제하게 되면, 협응 능력과 소근육 발달, 인지 발달이 저하되고 아이가 훗날 그림 그리기, 필기하기, 만들기 등의 활동을 꺼리게 되면서 엄마 아빠와 갈등을 경험할 수 있습니다.

24개월부터 36개월까지

햇살처럼 아름답고 눈부신 발달 시기가 바로 유아기입니다. 한 아이 한 아이가 자기 색깔을 드러내기 시작하고 지각, 정서, 인지가 서로 소통하고 융합하는 과정을 거칩니다. 때문에 아이의 고유한 특성을 지켜주면서 마음이 건강하게 성장하도록 아이를 보호해주는 방법을 소개합니다.

유아기는 자율성과 독립성이 발달하는 동시에 조절력도 차츰 생겨나는 시기입니다. 아이의 능력을 낮게 평가해 과보호하거나 통제하기보다는 아이가 자신의 능력을 기초로 무엇인가를 혼자 시도해보고 익힐 수 있는 기회를 주어야 합니다. 이러한 과정을 거쳐 성공과 실패를 경험하면서 아이는 자신의 욕구와 행동을 조절해가기 시작합니다. 이 시기에 부모는 아이의 행동을 관찰하는 기회를 통해 아이에게 숨겨진 고유한 특성을 발견할 수 있습니다.

그런데 종종 상담 과정에서 아이의 조절력이 만들어지기까지의 과정을 견디지 못하는 경우가 있습니다. 아이의 속도에 맞추어주어야 하는데 다그치거나 부모가 다 해주는 경우이지요. 그러면 아이는 점점 성격이 급해지고, 쉽게 짜증을 내게 됩니다. 유아기의 조절력은 혼자서 만들 수 없습니다. 부모가 아이와 발걸음을 맞추어야 합니다. 춤을 추듯 아이의 속도에 호흡을 맞추어보세요.

이때 특별히 아이의 활동에 과하게 개입하거나 반대로 반응을 하지 않는 행동은 피해야 합니다. 이런 경우 부작용을 일으켜 아이의 정서와 조절력에 문제가 생깁니다. 부모가 과하게 개입하면 예민해지고 쉽게 두려워하며 부정적 성향이 되고, 반항하거나 일관적이지 않은 정서 상태를 보이게 되지요. 반대로 반응을 제대로 보이지 않게 되면 아이는 쉽게 위축되고 활동에 참여하거나 외부와 소통하는 것을 어려워하고 자신에게만 몰두하는 경향을 보입니다.

이렇게 조절력이 부족한 아이는 비조직적이고 충동적인 과잉행동을 보입니다. 접촉과 자극을 지나치게 추구하거나 자극에 반응하지 않으며 사람과 사물에 대해 혼란스럽고 목적 없는 행동을 보이기도 합니다. 결과적으로 평안하고 긍정적인 상태를 형성하고 유지하는데 어려움을 겪게 되며, 이러한 정서적 상태는 아이의 인지와 행동발달을 저해합니다.

부모의 잘못된 개입 행동

과다 개입	· 아이의 목표와 욕구를 수시로 방해하는 것 · 과잉 통제함으로써 부모가 아이를 지배하는 것 · 발달상 부적절한 요구를 하는 것 · 유아를 부모와 분리된 개체로 인식하지 않는 것 · 일관성 없이 예측하기 어려운 양육행동을 하는 것
과소 개입	· 유아가 보이는 단서에 민감하지 못하거나 반응하지 않는 것 · 언어로 표현한 것과 실제 상호작용이 일치하지 않는 것 · 유아를 무시하고, 거부하고, 안정시키지 못하는 것 · 유아의 내면적 감정 상태를 적절히 반영하지 못하는 것 · 상호작용에서 부모가 유아의 단서를 자주 놓치거나 잘못 해석하는 것 · 유아와 교류가 단절되거나 일시적인 교류만 하는 것

36개월부터 72개월까지

36개월이 되면 아이들은 웬만한 것은 스스로 할 수 있는 능력을 갖추게 됩니다. 혼자서 밥을 먹을 수 있고, 신발을 신을 수 있으며, 간단한 옷은 스스로 입고 벗을 수 있게 됩니다. 혼자서 무엇인가를 할 수 있게 된 아이들은 친구들에게 관심을 갖기 시작하고, 책 읽기, 그리기, 만들기, 탐색하기를 시작합니다. '저 아이는 무엇을 하지? 나도 같이 하면 좋겠다.'는 생각도 하게 됩니다.

이러한 관심과 동기는 아이가 가족 이외의 사람과 새로운 관계를 맺기 시작했다는 것을 알려줍니다. 동시에 상징적인 것을 궁금해하며, 자유롭게 표현하고 싶어하고, 관심 있는 대상을 자세히 알고 싶어합니다.

따라서 물어보는 것이 많아지고, 하고 싶은 것과 알고 싶은 것도 많아집니다. 이것은 아이의 뇌 활동이 무척 활발해졌다는 증거이므로 부모가 적극적으로 도와주어야 합니다. 아이가 또래와 놀 수 있는 기회를 만들어주고, 부모가 함께 책을 읽거나, 다양한 것을 조립하고, 그림을 그리고, 탐색하며 즐거운 시간을 보내야 합니다. 이때의 경험은 평생 기억에 남아 어떤 형태로든 아이의 삶에 중요한 동력이 될 것입니다. 그럼 유아기 때 어떤 활동을 하면 좋을까요? 어떤 경험을 해야 부모와 아이 모두 행복한 유아기를 보낼 수 있을까요?

엄마 아빠와 함께 놀이하기

좋은 그림이 듬뿍 담긴 그림책이나 감정언어, 의성어, 의태어가 담긴 책 읽기는 유아기 아이에게 도움이 됩니다. 도서관에 가서 함께 책을 골라서 읽는 것도 좋고, 벽면에 전지 2장을 붙여 놓고 맘껏 낙서를 하거나 손 본뜨기, 그리기 놀이를 할 수도 있지요. 종이, 색종이, 가위, 풀을 사용하여 다양한 만들기를 하는 것도 좋습니다. 뿐만 아니라 아이가 관심을 보이는 대상을 함께 살펴보거나 공원의 자연을 둘러보는 것도 아이에게 도움이 됩니다. 집 안에서는 엄마 아빠와 함께 동요 부르기와 같이 뇌 활동에 도움이 되는 놀이를 해 주어야 합니다.

엄마 아빠와 함께 책 읽기

또래놀이 하기

친구를 집으로 초대하여 놀거나 친구의 집에 놀러가는 경험을 하면 좋아요. 친구와 동네 놀이터에서 노는 것은 물론, 동물원이나 공원으로 소풍을 가거나 친구들과 생일파티를 하는 등의 특별한 활동도 아이의 발달에 긍정적인 도움이 됩니다.

운동 발달은 왜 중요할까요?

운동이란 어떤 목적을 이루려고 힘쓰는 활동을 말합니다. 운동 발달이 제대로 되지 않으면 아이는 '나는 왜 친구들처럼 잘하지 못할까?' 하고 의기소침해질 수 있고, 부모 역시 '우리 애만 왜 저러는 걸까?' 하고 실망할 수 있어요. 이렇게 아이의 자신감과 밀접한 관계가 있는 운동 발달에 대해 알아봅시다.

아이의 모든 발달의 기초가 돼요

영아는 태어날 때부터 생존에 필요한 운동 기술을 가지고 있습니다. 엄마의 젖을 빠는 행동이나, 스스로 눈꺼풀을 들어 올려 눈을 뜨는 행동, 반대로 눈을 감는 행동은 누가 가르쳐주지 않아도 할 수 있는 행동입니다. 마찬가지로 숨쉬기, 울기와 같은 것도 타고난 운동 기술입니다. 그러나 이것만으로는 독립적인 행동을 할 수 없습니다. 아이들은 자라면서 지속적으로 다양한 운동 발달을 이루어가는데, 이것이 다른 모든 발달의 기초가 됩니다. 무엇보다 아이의 자율성, 기쁨, 만족감, 자신감, 인내심 발달에 의미 있는 영향을 미치지요. 스스로 새로운 행동을 하며 성취감을 느끼게 되고 아이의 생활반경을 넓혀갑니다.

예를 들어, 달리고 점프하는 대근육 운동은 아빠와 관계를 돈독히 하는 데 사용될 수 있고, 적극적으로 모험을 하는 과정에서 때때로 적절한 좌절을 연습하는 기회도 될 수 있습니다. 실제로 아이는 새로운 기술을 습득할 때 미숙해서 수없이 실수를 하지요. 하지만 시행착오를 거치면서 점차 능숙해집니다. 한 번에 '벌떡' 일어서서 걷지는 못하지만 여러 번 엉덩방아를 찧은 끝에 한 발 한 발 걸을 수 있게 되지요.

이러한 과정에서 부모의 반응이 아이에게 미치는 영향은 매우 큽니다. 아이가 능동적으로 운동 기술을 획득해가려고 하는 과정에서, "안 돼! 위험해!" 하며 과도하게 통제하거나, 과보호하며 놀라는 태도는 아이에게 좌절감을 갖게 하고 수동적이고 의존적으로 만듭니다. 오히려 아이의 시행착오 과정을 지켜보면서, "이번에는 잘 안 되었지만 다음에는 할 수 있을 거야." 하며 성공할 때까지 지켜봐주는 것은 아주 좋은 반응입니다. 마찬가지로 "괜찮아. 넘어질 수도 있지. 힘내!" 하며 응원해주면 아이가 크고 작은 문제를 해결해가는 과정에서 자신과 엄마 아빠에 대해 긍정적인 경험을 하게 됩니다.

아이가 힘을 키우는 운동을 해요

아이들의 운동 발달 순서는 거의 비슷합니다. 먼저 목을 가누는 활동을 한 다음에 뒤집기를 하고, 선 다음에 서서히 걷습니다. 하지만 이 과정은 개인마다 차이가 있고, 때론 매우 놀랄 만큼 극적이고 눈에 띄는 변화를 가져오기도 합니다. 때문에 아이의 운동 발달은 부모가 의식적으로 신경을 써야 하는 부분입니다.

  신생아의 경우 아이는 꾸준히 팔다리를 흔들고 온몸을 움직이지만 스스로 자세를 바꿀 능력이 없습니다. 그래서 부모는 다양한 자세로 근육강화 운동을 할 수 있게끔 아이의 자세를 잡아주어야 하지요. 아이가 편안해하는 자세를 잡아주는 것과 동시에 아이가 힘들어서 낑낑거려도 다양한 근육을 튼튼하게 만들 수 있도록 월령에 필요한 운동을 시키는 것이 필요합니다.

  아이에게 운동이 되는 중요한 동작 중 하나는 엎드려 있기입니

엎드려 운동하는 시간

다. 전신운동을 유발하는 엎드려 있기는 그 다음 발달에 꼭 필요한 운동입니다. 실제로 육아상담을 하면 엎드려 있기 운동이 부족해서 뒤집기를 못하는 아이를 만나곤 합니다. 아직도 기억에 남는 사례가 있어요. 9개월 된 아이였는데 몸무게, 키 모두 평균보다 높았고 근육발달에도 이상이 없는 것으로 진단을 받았습니다. 하지만 뒤집기를 못하는 상황이었지요. 주변에서 다들 기다려보라고 했지만 부모 입장에서는 그럴 수가 없었어요. 다른 아이들은 기어다니며 놀고 있는데 누워서만 놀고 있는 아이를 보니 답답해진 것입니다.

이야기를 해보니 아이를 엎드려놓으면 끙끙대는 것이 안타까워 늘 곧바로 바로 뉘었다고 합니다. 그래서 상담실에서 아이를 3분, 5분, 7분 순으로 엎드려 있는 연습을 어떻게 시키는지 보여주고 집에서 매일 오전과 오후에 15~30분씩 연습하라고 했습니다. 그런데 놀라운 일이 일어났습니다. 아이가 상담실 안에서 뒤집기를 한 것입니다. 그동안 이루어지지 못했던 운동을 경험한 아이는 생각보다 빠르게 기술을 익히게 된 것이지요.

이때 주의할 것이 있습니다. 아이를 엎드리게 해놓고 자리를 비우는 것, 아이를 푹신한 이불이나 요 위에서 엎드리게 하는 것, 소파와 같은 높은 곳에 아이를 두는 것은 절대 해서는 안 됩니다. 항상 옆에서 주의 깊게 아이의 행동을 관찰해야 한다는 것을 기억하세요.

'과연 이것만으로 운동이 될까요?' 하고 걱정하는 엄마 아빠들도 많이 있습니다. 하지만 천 리 길도 한 걸음부터 가는 것입니다. 이제 막 운동의 첫걸음을 내딛는 아이에게는 이 정도 운동이면 적절합니다. 또한 새로운 운동 기술은 이미 존재하는 능력을 발달시키거나 수정하는 과정을 통해 학습되기 때문에 차근차근 기본적인 훈련부터 해가는 것이 필요합니다.

대근육과 소근육을 발달시켜요

운동 발달은 목이나 팔, 다리를 쓰는 대근육 운동과 눈과 손을 쓰는 소근육 운동으로 나눌 수 있습니다. 큰 근육을 사용하는 대근육 운동과 작은 근육을 사용하는 소근육 운동은 발달의 순서와 방향이 정해져 있습니다. 둘 다 모두 머리에서 발끝으로, 몸의 중심에서 바깥의 순서로 발달합니다. 엄마 아빠가 아이의 운동 발달을 도울 때 이것을 알아두면 크게 도움이 됩니다.

대근육 운동 발달

대근육 운동 발달은 아이가 생후 1개월 무렵 엎드린 자세에서 자발적으로 고개를 들려고 하는 것에서 처음 시작됩니다. 이어서 2개월경에 가슴을 들고, 3~4개월경에는 뒤집기를 할 수 있는 수준까지 발달하게 됩니다. 7~8개월경에는 혼자 앉을 수 있고, 10~12개월경에는 혼자 설 수 있게 됩니다. 배밀이와 기기는 개인차가 큰데 4~12개월에 배밀이와 기기를 통해 이동을 시작하고, 대부분 12개월에는 걷게 됩니다. 24개월이 되면 계단을 오를 수 있게 되고, 그 이후로는 불안정하지만 서서히 뛰기가 가능합니다.

> **대근육 운동은?**
>
> 신체의 목이나 팔, 다리 등 사지와 관계된 행동을 말합니다. 기기, 걷기, 달리기, 뛰기, 구르기, 나르기, 오르내리기 등에 해당하지요. 공을 차는 놀이, 놀이터에서 그네를 타는 놀이, 등산하기 등이 대근육 운동에 속합니다.

소근육 운동 발달

소근육이 발달하면 어떤 목적을 염두에 둔 의지적인 행동이 가능해집니다. 출생 시에도 반사적으로 잡기가 가능하지만, 자발적 행동이 아니고 조절할 수 있는 힘은 없기 때문에 진정한 의미에서 소근육 운동으로 보기 어렵습니다.

아이는 생후 4개월이 되면서 제법 정확하게 사물을 향해 팔을 뻗을 수 있게 됩니다. 6개월이 되어서는 매달려 있는 물체에 팔을 뻗어 잡을 수 있으며, 8~9개월에는 아이 앞으로 던져준 물체를 잡으려고 하지만 잘 놓치고 12개월이 지나야 제대로 잡을 수 있게 되지요. 10개월부터는 엄지와 집게손가락을 사용해서 작은 물체를 잡을 수 있습니다.

이 시기에 아이는 방바닥에 떨어져 있는 머리카락이나 과자 부스러기 등 작은 물체를 보이는 대로 집어 올리면서 신기해하지요. 이때 엄마는 "더러워! 먹으면 안 돼요."라는 말을 하기보다는 아이와 함께 아이가 잡은 사물을 보면서 함께 신기해하는 것이 좋습니다. 그 순간은 스스로 무엇인가를 했다는 사실에 경이로움을 느끼는 순간이기 때문입니다.

영아기에는 눈과 손의 협응이 가능해지고, 소근육을 조절하는 능력도 급속히 발달하기 때문에 손의 사용이 점점 정교해집니다. 이때는 아이가 흘리지 않고 컵에 물 따르기, 흘리지 않고 혼자서 수저로 밥 먹기, 퍼즐 조각 제대로 끼우기 같은 행동은 아직 하기 어렵습니다. 그러나 다양한 손놀림을 통해 사물을 조작하고 실험해보는 것이 가능해지면서 손을 뻗쳐 물건 잡기, 엄지와 검지로 물체 잡기, 낙서하기, 동그라미 그리기, 물건 통에 집어넣기, 고리 끼우기, 악기 치기, 도구를 사용하여 식사하기, 떨어뜨리기 등 할 수 있는 활동이 늘어나게 됩니다. 일반적으로 소근육 운동 기술은 여아가 우세하고 대근육 운동 기술은 남아가 우세한 편입니다.

월령에 따른 영유아의 운동 발달

월령	대근육 운동 발달	소근육 운동 발달
1~3개월	반사행동, 턱과 가슴 들기	빨기, 손에 있는 물체 쥐기, 미소 짓기
2~4개월	도움 받아 앉기	손 가까이에 물체가 있을 때 잡기
5~8개월	유아용 의자에 앉기	한 손을 물체를 향해 뻗어 잡기
5~10개월	혼자 앉기, 가구 잡고 서기	관심 있는 물체 가리키기, 엄지와 검지로 잡기
5~11개월	기기	숟가락으로 음식을 입에 넣기
10~14개월	혼자 서기, 혼자 걷기	물체들을 용기에 넣기, 탑 쌓기
13~18개월	걷기, 달리기, 기어오르기	크레용으로 낙서하기
18~36개월	계단 오르기, 쉽게 달리기, 점프하기, 깡충 뛰기, 팔만 사용해서 공 던지기	구강근육 발달로 뚜렷해진 발음, 책장 넘기기, 스스로 옷 벗기, 액체를 흘리면서 붓기

* 최대 6개월까지 개인차가 있을 수 있고, 6개월이 넘을 경우 의학적 진단을 권합니다.

우리 아이
일주일 신체 건강 검진표

...

영아기의 신체적 발달은 일생에서 가장 빠른 속도로 이루어집니다. 출생 후 몇 개월간은 매일 30그램씩 체중이 늘고, 매달 2~3센티미터씩 키가 큽니다. 골격, 근육, 치아의 발달 역시 체중이나 키 못지않게 놀라운 성장을 합니다.

때문에 이 시기에 아이의 신체 건강에 관해 체크해보는 것은 반드시 필요합니다. 일주일 동안 아이의 생활을 체크하다 보면 아이의 생활패턴이 나오고 적절한 신체 발달을 위해 어떤 변화가 필요한지를 알게 됩니다. 3주만 아래의 체크리스트를 통해 확인해보세요.

○ 1주   * 아이 월령에 맞는 문항을 선택하여 체크하세요.

	월	화	수	목	금	토	일	특징
아침식사를 몇 시에 했나요?								
대근육 활동을 몇 분 했나요?								
소근육 활동은 몇 분 했나요?								
30분 정도 햇빛을 쬐었나요?								
소리를 내어 웃었나요?								
울고 싶을 때 울었나요?								
아이를 편안히 껴안아주었나요?								
우유, 멸치, 과일을 먹었나요?								
미디어를 몇 분 사용했나요?								
몇 시에, 몇 시간 잠을 잤나요?								
선택 (추가항목)								

○ 2주 *아이 월령에 맞는 문항을 선택하여 체크하세요.

	월	화	수	목	금	토	일	특징
아침식사를 몇 시에 했나요?								
대근육 활동을 몇 분 했나요?								
소근육 활동은 몇 분 했나요?								
30분 정도 햇빛을 쬐었나요?								
소리를 내어 웃었나요?								
울고 싶을 때 울었나요?								
아이를 편안히 껴안아주었나요?								
우유, 멸치, 과일을 먹었나요?								
미디어를 몇 분 사용했나요?								
몇 시에, 몇 시간 잠을 잤나요?								
선택 (추가항목)								

○ 3주　　　　　　　　　　* 아이 월령에 맞는 문항을 선택하여 체크하세요.

	월	화	수	목	금	토	일	특징
아침식사를 몇 시에 했나요?								
대근육 활동을 몇 분 했나요?								
소근육 활동은 몇 분 했나요?								
30분 정도 햇빛을 쬐었나요?								
소리를 내어 웃었나요?								
울고 싶을 때 울었나요?								
아이를 편안히 껴안아주었나요?								
우유, 멸치, 과일을 먹었나요?								
미디어를 몇 분 사용했나요?								
몇 시에, 몇 시간 잠을 잤나요?								
선택 (추가항목)								

정신적 성장 발달을 이해해요

영유아기의 정신적 발달은 아이의 정신 건강의 기초가 됩니다. 정신적 발달은 감각 발달에서 시작해서 뇌, 언어, 인지, 사회성, 정서 발달 모두와 관련이 있습니다. 이 모든 발달이 잘 이루어져야 인간의 내면에서 일어나는 사고, 감정이 건강하게 작동할 수 있지요.

세계보건기구 WHO에서는 정신 건강을 이렇게 정의했습니다. "개인이 자신의 능력을 깨닫고, 삶에서 발생하는 정상적 범위의 스트레스에 대처할 수 있으며, 생산적으로 일을 하여 결실을 맺을 수 있고, 개인이 속한 사회에 기여할 수 있는 안녕의 상태이다." 영유아기의 정신적 성장 발달을 잘 이해하고 아이가 발달의 흐름에 맞게 성장하도록 잘 도와주세요. 그러면 마음이 건강한 아이로 자랄 것입니다.

감각 발달이란 무엇일까요?

눈, 코, 귀, 혀, 피부를 통해 바깥의 어떤 자극을 알아차리는 것을 감각이라고 합니다. 감각은 아이가 주위 환경과 만나는 통로가 됩니다. 아이가 살아가는 데 평생 필요한 것이기 때문에 건강하게 발달시켜주어야 합니다. 너무 예민한 것도, 너무 둔한 것도 문제가 될 수 있어요. 그렇다면 시각·청각·촉각·후각·미각·통합감각 등의 감각은 어떻게 발달시킬 수 있을까요?

감각 발달의 기초를 이해해요

'감각' '지각' '인지' 이 세 단어의 차이를 정확히 말할 수 있나요? 그 차이점을 살펴보면 각각을 어떻게 발달시켜야 할지도 알 수 있습니다.

감각

감각이란 시각·청각·후각·미각·촉각·통각 등의 신체 기관을 통해 외부로부터 오는 여러 가지 자극을 느끼거나 알아차리는 것입니다. 아이가 세상과 자신을 인식하는 첫 통로라고 할 수 있지요. 신 레몬을 먹고 '아이, 셔!' 하고 느끼거나 뜨거운 물에 '앗, 뜨거워!' 하고 반응하는 것을 예로 들 수 있어요.

만약 감각이 너무 예민하거나 둔하다면 문제가 생길 수 있습니다. 다른 사람들은 느끼는 냄새를 못 맡는다거나 다들 듣는 소리를 알아채지 못하는 것은 큰 문제이기 때문이지요. 아이가 감각의 균형을 이루지 못하고 환경으로부터 오는 자극을 제대로 인식하지 못하게 되면 발달에 어려움이 생길 수 있습니다.

지각

지각은 감각을 통해 들어온 정보를 해석하고 의미를 더하는 능동적 과정입니다. 예를 들어 어디선가 "야옹~" 하는 소리가 청각을 통해 들어왔다면 "어, 어디 고양이가 있나 보네?" 하며 소리를 해석하고 의미를 부여하는 과정이 바로 지각이라고 할 수 있습니다.

살아가는 데 필요한 모든 정보는 시각·청각·촉각·후각·미각·통합된 감각을 통해 들어옵니다. 그리고 이렇게 들어온 정보가 지각을 통해 시시각각 다르게 해석되고 통합되는 것이지요. 만약 아이의 지각 발달이 다른 사람들과 다르다면 똑같은 소리도 다르게 해석할 수 있습니다. 따라서 영아기 아이의 감각과 지각 발달을 이해하는 것은 매우 중요합니다.

인지

인지는 감각과 지각을 통해 들어오는 정보를 받아들이고 저장하고 인출하는 일련의 정신적 표상mental representation의 과정입니다. 지각, 기억, 부호화, 이해, 상상, 구상, 판단, 추리 등을 포함한 넓은 의미의 지적 작용을 인지라고 합니다. 매콤한 김치 냄새를 맡으면 우리나라를 떠올리는 것처럼 한 단계 나아간 과정이라고 할 수 있지요. 무엇을 안다는 것을 나타내는 포괄적인 용어로 쓰이기도 합니다.

감각, 지각, 인지는 그 경계가 엄밀하게 구분된 것은 아니고 서로 연결된 일련의 정보처리 과정이라 할 수 있습니다. 어느 하나라도 작동이 잘 안 되면 정보를 받아들이고 해석하고 표출하는 데 어려움이 생기게 됩니다.

시각은 어떻게 발달할까요?

시각은 아이가 세상을 탐색해가는 데 중요한 감각입니다. 감각 정보의 약 80퍼센트가 시각을 통해 들어오기 때문이지요. 시각은 아이의 감각 능력 중에서 가장 천천히 발달합니다. 출생할 때 시각조절에 필요한 뇌 회로가 충분히 성숙해 있지 않고, 시신경도 덜 발달되어 있어서 생후 1년에 걸쳐 서서히 완성되어갑니다. 그래서 갓 태어난 아이는 엄마의 목소리를 알아들을 수 있지만 엄마의 얼굴을 보거나 인식할 수 없습니다. 아이가 생후 3개월 동안 시각을 발달시키려면 꾸준히 보는 연습을 해야 합니다.

 시각 발달을 촉진하는 활동으로 포인팅을 통해 사물에 초점을 맞추게 하는 것에서 시작해서 좌, 우, 위, 아래, 사방팔방으로 시각을 움직일 수 있도록 하는 방법이 있습니다. 사회성이 낮아서 상담을 오는 아동 중에는 종종 이러한 시각 운동 훈련을 전혀 하지 않은 것이 원인이 되는 경우도 있습니다. 눈으로 주변을 관찰하여 필요한 정보를 얻고 판단하는 능력이 낮아, 눈치 없고 문제해결력이 없는 아이로 낙인찍히게 되어 적응에 어려움을 겪기도 합니다. 그렇다면 아이의 시각은 시기별로 어떻게 발달할까요?

생후 1개월

아이는 시각을 통해 사물에 초점을 맞추고 응시하는 것이 가능합니다. 엄마의 얼굴 전체를 지각하면서 얼굴에 잠시 주의를 기울일 수 있지요. 또한 커다란 물체의 움직임에 반응을 보입니다.

생후 2개월

부모와 시각적으로 의사소통을 할 수 있게 됩니다. 눈, 코, 입을 구분하고 입의 움직임에 주의를 기울일 수 있으며 얼굴 앞에서 손을 움직일 때처럼 좀 더 섬세한 동작에 반응하기 시작합니다. 또한 아이는 말 없는 대화 즉 얼굴 표정을 흉내 내는 방식으로 시각적 의사를 주고받으면서 상대방이 자기 행동에 반응한다는 사실을 익히게 됩니다. 이 시기에는 부모가 아이의 눈을 들여다보듯 아이도 부모의 눈을 들여다보는 것을 좋아하며 말하는 사람의 얼굴에 시선을 고정할 수 있게 됩니다.

생후 3개월

초점, 명암 대비, 3차원 입체감각, 색깔 등 여러 구성요소가 서서히 발달하는 시기입니다. 엄마의 얼굴은 아이에게 생명줄이므로 아이는 무엇보다도 엄마의 얼굴에 시선을 두고 싶어합니다. 아이는 시간이 갈수록 더욱 많은 색깔을 잘 볼 수 있게 되며, 움직임을 분명하게 보고, 시선이 동작을 따라갈 때가 많아집니다. 마주보고 있는 사람의 관심을 끌기 위해 발과 손을 휘젓는 행동을 하기도 하지요. 손에 딸랑이 같은 것을 쥐어주면 물체를 자기 시야로 가져오는 것도 시각의 발달 덕분이에요.

생후 6~12개월

낯익은 얼굴과 낯선 얼굴을 구분할 수 있으며, 남녀도 구분할 수 있습니다. 이 시기에 아이는 기어다니기 시작하면서 엎어지거나 떨어지는 등의 시행착오를 통해 깊이에 대해서도 정확히 인지하게 되지요. 그렇게 생후 12개월이 되면 시력이 1.0에 가까워져서 정상 시력을 갖게 됩니다.

아이는 태어났을 때부터 녹색과 적색의 구분이 가능한데, 자라면서 특정 색에 대한 선호도를 보입니다. 좋아하는 색이 생기게 되는 것이지요. 또한 정지된 것보다 움직이는 물체를, 흑백보다는 컬러를, 직선보다는 곡선을 선호하며, 색이나 명암보다는 형태에 더 관심을 보입니다. 특히 사물보다는 사람의 얼굴을 선호하는데, 얼굴에서 흑백대비가 도드라진 눈에 가장 관심을 두기 때문에 엄마의 눈을 오래 응시할 수 있습니다. 아이가 엄마의 눈을 오래 응시하게 되면 서서히 애착이 형성되고 언어가 발달할 수 있는 가능성을 만들어갈 수 있습니다.

청각은 어떻게 발달할까요?

청각은 출생 전 태아기부터 발달합니다. 그래서 출생 후에는 사람의 음성이 영아의 감정을 움직이고 정보를 말로 전달할 수 있게 됩니다. 특히 태내에서의 청각 경험은 출생 후에도 아이에게 영향을 줍니다. 그래서 임신기간 중에 엄마는 타인과 충분히 대화하고 태아에게도 친절한 목소리로 말을 걸어주는 것이 태아의 심리적 안정에 도움을 줄 수 있습니다.

 사람의 말 소리에 관심을 보이지 않던 15개월 된 아이의 엄마가 상담을 오신 적이 있습니다. 태아기부터 지금까지의 아기의 성장과정을 들어보니 이유를 알 수 있었지요. 엄마가 일상생활에서 꼭 필요한 말만 하고 지내는 편인데 특히 임신기간 중에는 남편이 지방근무를 하는 바람에 하루 종일 아무 말도 하지 않고 지낸 날

이 더 많았던 것입니다. 태내기부터 사람의 소리를 듣고 귀를 기울이는 경험이 아이의 청각 발달과 언어 발달에 매우 중요하다는 것을 확인할 수 있었습니다. 그렇다면 아이의 청각은 출생 이후에는 어떻게 발달할까요?

생후 3개월까지

청각은 출생 후 모든 감각 중에서도 가장 발달해 있습니다. 때문에 생후 3개월 동안 아이의 뇌는 소리를 흠뻑 흡수하고 주변 환경이 내는 음향에 푹 빠지게 됩니다. 소리는 뇌 회로를 형성해가는데, 이 과정에서 아이는 서서히 단어의 시작과 끝을 구별하기 시작합니다. 이러한 능력은 아이가 나중에 음절을 만들고 뒤이어 단어와 문장을 형성하는 토대가 됩니다. 이때 주위에서 들리는 배경 소음은 아이의 주의를 산만하게 만들 수 있으므로, 생후 3개월 동안에는 배경 소음을 최소로 줄이고 한 가지 목소리만 들려주는 시간을 마련하는 것이 좋습니다.

모든 감각 중에 가장 발달한 것이 청각이지만, 아직 어린 아이라면 작은 소리를 잘 듣지 못할 수 있습니다. 아이는 성인보다 10~25데시벨 높고 강한 소리에만 반응하기 때문이지요. 따라서 이 시기의 아이와 소통하려면 목소리 톤을 약간 높게 하고 리듬감 있게 말하는 요령이 필요합니다. 이 과정에서 아이는 서서히 사물의 소리와 사람의 소리를 구분하고, 낯선 사람의 목소리보다 부모의 목소리에 민감하게 반응하기 시작합니다.

생후 2개월이 되면 아이는 조금씩 단순한 대화를 시작할 수 있게 됩니다. 부모의 얼굴을 뚫어져라 쳐다볼 때는 아이가 반응을 원한다는 표시이므로 아이에게 말을 걸어주고 아이의 반응에 귀를 기울이는 것이 좋습니다. 이때 아이가 얼굴에 나타난 부모의 표정과 감정을 단어와 연결할 수 있도록 함께 마주보면서 말해야 합니다. 부모의 말 한 마디 한 마디가 아이에게는 무척 흥미롭게 들리기 때문에 아이와 리듬을 맞추어 다양한 이야기를 해주는 것이 좋습니다.

생후 4~6개월

생후 4~6개월이 되면 아이는 소리가 나는 방향을 정확하게 알아볼 수 있습니다. 리듬감 있는 음악소리에 반응하고, 보는 것과 듣는 것을 연결시키려고 애쓰지요. 부모가 아이에게 말을 걸 때 아이가 귀를 쫑긋 세우고 얼마나 열심히 듣는지를 살펴보세요. 아이는 귀로 들어오는 내용을 저장하고, 언어 발달의 중요한 첫 단계인 소리 패턴을 뇌에 새겨 넣습니다. 때문에 아이의 청각 발달을 위해서는 자주 말을 걸어주는 것이 좋습니다.

청각과 관련하여 의사소통의 기초가 되는 언어 감각이 잘 발달하려면 성장과정에서 좋은 본보기가 필요합니다. 아이는 부모의 말을 본보기로 삼습니다. 따라서 부모는 단순히 기계적인 말소리가 아닌 아이와 교감하는 대화를 나누어야 합니다. 실제로 새장에 갇힌 새끼 새에게 어른 새의 소리를 녹음해서 들려주어도 새끼 새는 노래를 배우지 못한다고 합니다. 아이도 마찬가지예요. 자신을 돌봐주는 어른의 개별적인 관심이 필요하지요. 즉, 아이의 청각을 발달시키려면 녹음기나 텔레비전을 틀어주는 것으로는 충분하지 않으며, 부모와 충분한 상호작용이 이루어져야 합니다.

언어는 타고난 능력과 출생 이후의 경험 모두가 중요합니다. 청각 감각이 발달하기 위해서는 아이에게 헌신적인 관계가 먼저 선행되어야 합니다. 아이는 자신을 사랑하는 사람에게 대화의 주파수를 맞출 준비가 되어 있기 때문이지요.

촉각은 어떻게 발달할까요?

갓 태어난 아이는 촉각을 통해 주변 환경을 인식해갑니다. 접촉하는 모든 것을 느끼고 '아, 엄마는 참 부드럽구나.'라며 느낌에 대한 경험을 쌓아가지요. 한번은 최선을 다해 정성껏 양육하는 데도 아이가 짜증을 많이 내고 발달이 늦다고 찾아온 엄마가 있었습니다. 아이를 어떻게 양육하는지 들어보니, 위생을 중요하게 생각해서 아이가 물건을 입으로 가져가려고 하거나 더러운 것을 만지려고 하면 모두 차단했다고 합니다. 이러한 행동은 결국 아이의 탐색욕구를 좌절시켰고, 입술과 손의 촉각을 통해 세상을 배우는 경험을 하지 못하도록 만들었지요. 촉각이 아이의 발달과 심리적 만족감에 많은 영향을 미친다는 것을 알 수 있었습니다.

안정감을 주는 좋은 촉각

아이가 태어날 당시에는 입술과 혀 외의 촉각은 그다지 발달되어 있지 않습니다. 하지만 생후 6개월이 지나면 입술 촉각 외에 손을 사용해서 주변의 물체를 탐색하기 시작하지요.

   피부를 제2의 지능이라고 말할 정도로 촉각은 인지 발달에 매우 중요한 요소입니다. 아이는 손의 감촉만으로도 익숙한 물체를 인식할 수 있습니다. 때문에 안아주고 얼러주는 엄마와 아이의 신체적 접촉은 갓 태어난 신생아의 생존에 필수적이며 정서 발달에도 중요한 역할을 합니다. 접촉은 '엄마 호르몬' '행복 호르몬'으로 불리는 옥시토신을 분비시키므로 아이를 쓰다듬어주거나 등을 토닥여주는 행동, 아이의 가슴에 가만히 손을 올려놓는 행동은 아이는 물론 엄마에게 안정감을 줄 수 있습니다.

또한 촉각은 사회성과도 연관되어 부드러운 것과 거친 것, 기분이 좋고 나쁜 것을 구분하게 합니다. 스킨십으로 싫고 좋음을 느끼면서 조심스럽게 행동하게 되고, 상대방에게 신체적 터치를 어떻게 해야 하는지를 알게 되는 것입니다. 따라서 아이를 안을 때 부드럽게 안고, 함부로 잡아당기거나 밀지 말고 무례한 행동을 해서도 안 됩니다. 아이는 촉각을 통해 자신의 신체를 지각하면서 자신을 보호하는 것, 감싸주는 것, 기분이 좋아지는 것, 내가 나를 만지는 것과 타인이 나를 만져주는 것을 구분하면서 사랑과 친밀함을 경험하기 때문입니다.

아픔을 느끼는 나쁜 촉각

온도 변화나 아픔을 느끼는 것도 촉각 때문입니다. 아이는 온도 변화에 민감하여 온도가 높거나 낮을 때 울면서 불편함을 호소합니다. 체온을 유지하기 위해 몸을 활발하게 움직이는 행동을 보이기도 하지요.

아픔을 느끼는 통각은 출생할 때부터 발달하게 되는데, 강한 자극에 통증을 느껴 아플 때는 높은 소리로 울거나 심장박동수와 혈압이 증가합니다. 아이는 통증을 완화시키는 기능이 발달되지 않았기 때문에 어른보다 통증에 민감하지요. 아이는 고통스러울 때 울거나 몸을 부르르 떨고, 이마를 찡그리고 눈살을 찌푸리며, 코에 주름이 잡히면서 눈을 질끈 감고, 입은 네모난 모양으로 크게 벌리고, 팔다리를 휘젓기도 합니다. 또한 심장박동이 빨라지고 호흡이 빨라지며 혈압이 올라가 숨을 몰아쉬는 등 어른이 도저히 그냥 넘길 수 없는 반응을 보이기도 합니다.

나쁜 촉각을 경험할 때

만약 누군가 내 몸을 때린다고 생각해보세요. 안아주기에도 부족한 나의 몸에 아픔을 준다는 것은 있을 수 없는 일이지요. 양육할 때 부드럽게 감싸주지 않으면 그 아이는 난폭해지기 쉽고, 안정감의 결핍으로 인한 중독이 유발될 수도 있습니다.

하지만 이러한 통증도 부모가 현저히 낮출 수 있습니다. "괜찮아. 엄마 손은 약손."이라며 아이를 부드럽게 쓰다듬는 행동은 통증을 낮추는 데 큰 도움이 되지요. 부모의 친숙한 손길과 체취, 심장이 뛰는 소리는 통증 신호가 아이 뇌에 도달하는 것을 차단하는 데 한 몫을 합니다. 이렇듯 부모와 아이는 촉각을 통해 특별한 대화를 합니다. 부모의 손길이 아이에게 사랑과 안정감을 주고 뇌 활동을 촉진시킵니다. 또한 우울증에 대한 내성을 키워주지요. 부드럽고 느릿느릿한 접촉은 아이에게 행복을 선물합니다.

후각은 어떻게 발달할까요?

숨을 들이마시면서 느끼는 후각은 호흡과 함께 이루어지고, 냄새는 기분과 많은 관련이 있습니다. 그래서 나쁜 냄새를 맡으면 기분이 나빠지고, 부드럽고 달콤한 향기를 맡으면 기분이 좋아지고 행복해집니다.

후각은 안정감과 밀접한 관련이 있다는 것을 상담을 하면서 확인하곤 합니다. 엄마가 출산 후 가정에 여러 가지 일이 생겨서

2~3년간 제대로 돌봄을 받기 힘들었던 아이가 우연히 엄마 냄새가 나는 옷을 발견하고 그 옷에 집착하는 것이 문제가 되어 온 경우가 그 사례라고 볼 수 있습니다.

아이는 냄새로 많은 것을 경험하고 또 기억합니다. 모유 수유를 하는 경우 아이는 젖 냄새를 통해 엄마가 가까이 온 것을 알게 됩니다. 생후 6일이 된 신생아의 양쪽에 엄마의 젖을 묻힌 수건과 깨끗한 수건을 놓았을 때 엄마 젖 냄새가 나는 쪽으로 고개를 돌리는 행동을 보입니다. 엄마의 냄새와 다른 여성의 냄새를 구분하기 시작하며 바나나, 딸기 냄새에는 기분 좋아하고 불쾌한 냄새에는 고개를 돌리거나 찡그리는 반응을 보입니다.

따라서 부모의 냄새는 물론 집 안의 냄새도 좋은 기억으로 남을 만한 향기가 되어야 합니다. 사람과 음식 냄새, 자연의 향기 속에 어린 시절의 스토리를 연결시켜 잊을 수 없는 추억을 만들어주는 것은 자녀에게 줄 수 있는 아주 좋은 선물이 됩니다.

어린 시절 엄마가 장롱에서 꺼내준 옷에서 나는 향기를 잊을 수가 없고, 그 향기를 우연히 맡게 되었을 때 행복감을 느끼는 것처럼 말이지요. 무색무취의 부모가 되지 말고 향기로운 부모가 되어야 아이의 후각 발달은 물론 아이의 정서 발달에도 도움이 된다는 것을 기억하세요.

미각은 어떻게 발달할까요?

혀를 통해 느끼는 미각은 아이가 엄마 뱃속에 있을 때에도 어느 정도 발달합니다. 그래서 출생 시에도 여러 가지 맛을 구분할 수 있지요. 이것은 아이에게 쓴맛, 신맛, 짠맛보다는 단맛이 나는 액체를 주었을 때 오래 빨고 윗입술을 날름거리는 것을 보면 알 수 있습니다.

그러다 아이가 2~3세가 되면 미각이 예민해집니다. 자신이 좋아하는 맛과 싫어하는 맛을 구분하여 편식이 생길 수 있으므로 다양한 맛을 경험하게 도와주어야 합니다. 그렇다고 해서 여러 가지 강한 맛을 억지로 느끼게 하면 오히려 거부감만 들 수 있어요.

아이의 미각과 관련하여 상담실에 40개월 된 아이를 데리고 오신 할머니가 있었습니다. 사정상 직접 아이를 키우고 계셨는데 밥을 먹이는 것이 너무 어려워서 걱정이라고 하셨지요. 이야기를 들어보니 어릴 때부터 잘 먹지 않는 아이에게 직접 여러 가지 음식을 해서 먹이는 것이 힘들기도 하고, 골고루 영양을 섭취시키려는 마음에 음식을 모두 섞어서 갈아주었다고 합니다. 약 3년을 그렇게 하고 나니 아이의 미각이 점점 둔해지고, 한 가지 재료로 된 음식은 먹지 않게 되었지요. 아이가 정상적인 미각으로 변화하는 과정은 쉽지 않았습니다. 아이의 미각이 예민해지는 시기로 갈수록 순한 맛부터 먹이기 시작하고, 섞인 음식이 아닌 단일 음식을 통해 한 가지 맛부터 익숙하게 하는 것이 좋습니다.

맛을 느끼는 미각은 혀뿐만 아니라 이로 씹는 것으로도 느낄 수 있어요. 음식물을 꼭꼭 씹어 먹다 보면 배부른 것보다 맛을 먼저 느낄 수 있게 되고, 성급함도 줄어들게 됩니다. 또 소화도 잘 되어

	아이 미각 발달을 위한 이유식
생후 6~8개월	향이 강하지 않은 곡류, 채소, 과일을 잘 갈아서 먹입니다. 처음에는 한 가지 재료만으로 만들어 각각의 맛을 느끼게 합니다.
생후 8~10개월	두부나 흰살 생선, 소고기 등을 골고루 섞어 잘 익히고, 약간의 질감을 느낄 수 있는 정도로 갈아서 먹입니다.
생후 10~12개월	음식물을 좀 더 다양하게 혼합해서 주어도 되며, 질게 만들어 작은 덩어리 형태로 주어 오물거리며 먹을 수 있게 합니다.
생후 12개월 이후	어른이 먹는 음식과 동일하게 먹여도 되나 너무 맵거나 간은 강하지 않은 것이 좋고 삼키지 않고 씹어서 먹게 유도하여 음식 맛을 음미하게 합니다.

즐겁고 건강한 식사가 되지요. 그러려면 아이가 음식을 입에 넣는 속도가 너무 빠르지 않게 하고, 빨리 먹으라고 재촉하지 말아야 합니다. 무엇보다 부모가 먼저 잘 씹는 모습을 보여주는 것이 좋습니다.

갓 태어난 아이는 모유나 분유를 먹지만, 태어난 지 4개월에서 6개월 사이가 되면 소화기관이 발달하면서 이유식을 조금씩 먹기 시작합니다. 이때 부모는 아이에게 다양한 음식들을 골고루 맛보게 함으로써 '먹는 즐거움'을 가르쳐주어야 합니다. 아이에게 긍정적인 미각을 많이 경험하게 하여 행복하고 좋은 감각을 갖도록 도와주세요.

통합감각은 어떻게 발달할까요?

통합감각은 '감각 사이의 지각intermodal perception'으로 한 감각을 통해 익힌 물체가 다른 감각에 의해서도 인식되는 능력을 말합니다. 아이의 감각은 출생 시부터 통합되어 있어, 시간이 지남에 따라 외부로부터 정보를 입수할 때 다감각적으로 지각 처리하는 능력이 점점 발달하게 됩니다.

 따라서 아이는 어떤 자극이 제시되었을 때 모든 감각기관을 사용하여 그 자극을 탐색합니다. 엄마와 아빠가 아이를 쳐다보다가 둘 중 누군가가 소리를 내면 아이는 소리나는 쪽을 바라보는 것을 예로 들 수 있습니다. 이러한 행동은 청각과 시각이 통합되어 있음을 보여줍니다. 아이와 상호작용을 할 때는 단일 자극과 복합적 자극을 적절한 비율로 제공하는 것이 도움이 됩니다. 통합감각을 발달시키게 되면 아이는 주어진 환경에서 일어나는 일을 더 잘 예측하고 이해하게 됩니다.

 한번은 언어 발달이 아주 빠른 아이가 유치원 적응에 어려움이 있어 상담을 온 적이 있습니다. 문제는 말만 하고 행동을 하지 않는 것이었습니다. 예를 들어 "친구와 그림을 그리고 있어."라고 말은 하는데 자신은 그림을 그리지 않고, "아이들과 공놀이를 하고 있어."라고 말하지만 함께 공놀이는 하지 않았지요. 그러자 친구들 사이에서 적응에 어려워진 것입니다. 언어 발달이 이루어질 때는 언어에 해당하는 운동 발달이 수반되어야 합니다.

 통합감각은 물론 교감 능력을 높여주는 방법 중에 '플로어 타임 floor time'이라는 것이 있습니다. 말 그대로 마루에서 보내는 시간을 뜻합니다. 아이가 태어나서 약 15개월까지의 바닥 생활은 신체, 운동 발달뿐 아니라 엄마 아빠와 정서적으로 연결되고 다양한 경험을 할 수 있게 도와줍니다.

전 생애 중 유일하게 기어 다니며 생활하는 이 시기에 플로어 타임은 선택이 아닌 아이 발달에 절대적인 것으로 충분히 제공되어야 합니다. 어떤 전문가들은 플로어 타임을 적게 가진 아이의 경우 커서 행동이 굼뜨고, 소파에서 과자를 먹으면서 텔레비전을 볼 확률이 높다고 말합니다.

엄마와 아이 모두 즐거우면서 효과적으로 교감 능력을 높일 수 있는 플로어 타임 활동의 10가지 원칙을 소개합니다. 어느 연령이든지 응용해서 적용하면 엄마와 아이 모두 신나고 특별한 경험을 하게 될 거에요. 플로어 타임 놀이가 끝난 후에는 간략하게 기록을 남기거나, 놀이할 때 놀이하는 모습을 동영상으로 만들어 다시 보기를 하는 것도 아이의 감각 발달을 이해하는 데 큰 도움이 됩니다.

플로어 타임 활동 10가지 원칙

❶ 아이와 30~50분 정도 플로어 타임 시간을 정하세요.
❷ 바닥 놀이에 적합한 장난감 목록을 작성하세요.
 (공, 태엽 감는 장난감, 종이 블록, 터널, 벽 거울, 다양한 색의 천, 방울 달

린 끈 등)

❸ 놀이 방법 10가지 정도를 간단하게 기록하세요.

(공 굴려서 잡으러 가기, 태엽 감은 장난감 따라가기, 블록 쓰러뜨리기, 터널 지나기, 벽 거울 바라보기, 천 날리기, 방울 달린 끈 흔들기 등)

❹ 집에서 가장 넓은 공간의 바닥을 깨끗하게 정돈하세요.

❺ 아이와 바닥에 마주보고 앉으세요.

❻ 아이에게 미소를 지으며 "○○야, ○○랑 엄마랑 바닥 놀이를 할 거야. 신나게 해보자."라고 이야기하세요.

❼ 처음에는 엄마가 먼저 리드하기 보다 바닥에 2~3가지 정도의 장난감을 펼쳐놓고 아이가 자연스럽게 다가가게 합니다.

❽ 엄마는 아이가 시작한 놀이에 호흡을 맞추어 반응을 해주며 즐거움을 함께 경험합니다.

❾ 아이가 지루해질 즈음에 엄마가 재미있는 다른 놀이를 제공합니다. 함께 주고받고, 밀고 당기고, 목표물을 추적하고, 거울을 보며 즐거운 표정을 짓거나 터널 양쪽에서 서로 바라보기 등의 놀이로 아이를 유인합니다. 이때 놀이를 강요하기보다는 자연스럽게 따라올 수 있게 하세요.

❿ 놀이가 끝난 다음에는 아이에게 "○○야, 엄마는 ○○랑 놀이하는 것이 참 재미있었어. ○○도 즐거워 보이네. 이제는 놀이가 끝났어. 박수!" 하고 이야기해주세요.

공 굴려서 잡으러 가기

블록으로 터널 쌓고 양쪽에서 서로 바라보기

아이의 뇌는 어떻게 발달할까요?

사람의 뇌는 많은 일을 합니다. 생각을 하기도 하고, 운동을 조절하기도 하고, 생명을 유지하기도 하지요. 뇌가 없이 사람은 살 수가 없습니다. 또한 뇌가 제대로 발달하지 못하면 많은 기능에 문제가 생깁니다. 그렇다면 어떻게 해야 뇌를 문제없이 발달시킬 수 있을까요?

아이의 뇌 발달을 이해해요

대부분의 동물은 뇌의 50퍼센트 가량이 발달한 상태로 태어나지만, 사람은 26~29퍼센트만 발달한 상태로 태어납니다. 사람이 살아가는 데 필요한 발달의 반도 이루어지지 않은 상태이지요. 이는 아이의 뇌가 매우 미성숙하다는 점과 성장가능성이 높다는 것을 동시에 의미합니다. 그만큼 부모가 아이의 뇌 성장에 큰 영향을 줄 수 있으며, 아이 뇌의 성장 가능성에 대한 기쁨과 부담을 모두 안고 있다는 뜻이지요.

아이의 뇌 발달은 부모와의 경험에 달려 있습니다. 출생 시 가지고 태어난 뇌세포 수는 약 1천억 개 정도입니다. 한 개의 뇌세포는 약 1천 개의 다른 뇌세포와 연결되는데, 모두 외부 자극에 반응하면서 성장합니다. 아이는 무수한 경험을 통해 자신의 뇌세포와 뇌세포 사이에 연결회로를 만들고, 기억의 연결구조를 만들어냅니다.

아이의 다양한 경험이 우뇌와 좌뇌를 골고루 균형적으로 발달시켜주는데, 특히 부모를 통해 색다른 경험을 할 때 뇌세포 간에 다양한 조합이 만들어져 인지 능력이 높아집니다. 실제로 아빠가 전혀 양육에 참여하지 않는 아이는 아빠와의 놀이를 낯설어 하고 아빠의 놀이방식이 틀렸다고 생각하기도 합니다. 다른 방법이 있다고 생각하기보다는 옳고 그른 것으로 판단하기 쉽습니다. 엄마와 아빠의 놀이방식이 달라서 부딪친다고 하더라도 함께 참여하는 것이 좋습니다. 그것을 해결해가는 과정 자체도 뇌 발달을 촉진할 수 있는 좋은 자극이 되기 때문이지요.

상담현장에 있다 보면 안타까운 사례를 많이 만나게 됩니다. 지능지수 자체는 아주 낮지 않은데 초등학교 고학년이 되자 학습이 어려운 아이가 있었습니다. 이런 경우는 대부분 엄마가 육아감각이 부족하고 아빠는 양육에 전혀 참여하지 않는 경우입니다. 영유아기에 필요한 뇌 발달 자극을 제대로 해주지 않아서 뇌 기능이 활성화되지 못하고 뇌세포 연결망이 제대로 형성되지 않았을 가능성이 높지요. 그래서 육아감각이 있는 부모라면 아이의 뇌 발달에 대해서 제대로 이해하고 좋은 자극을 통해 뇌 발달을 도울 수 있어야 합니다.

아이의 뇌는 쉼 없이 성장해요

생후 첫 3년 동안 부모와의 경험은 아이의 성격에 많은 영향을 줍니다. 그 중에서도 사회성이 가장 많은 영향을 받습니다. 사회성이 발달한 성격이 좋은 사람은 다른 사람의 얼굴과 목소리 등 사회적 신호를 금방 알아채지요. 특히 거기에 수반된 감정을 이해하여 상대방의 동기를 파악한 후 자신의 행동을 결정합니다.

좋은 성격은 사회성 뇌의 기능으로 결정되는 것입니다. 따라서 사회성 뇌가 잘 발달했다는 것은 다른 사람을 존중하고 마음을 헤아려 배려할 수 있는 따뜻한 감성을 지니고 있다는 뜻입니다. 부모가 아이를 존중하며 마음을 헤아려주고, 따뜻하게 반응해주어야 아이도 똑같이 다른 사람을 그렇게 대할 수 있습니다. 이런 의미에서 사회성 뇌는 부모에게 받은 자극을 바탕으로 다른 사람을 잘 대할 수 있게 해주는 사회적인 뇌라고 말할 수 있습니다.

사회성 뇌는 만 3세까지 가장 많이 성장하는데, 사회적 자극, 대인관계를 통한 자극을 필요로 합니다. 아이가 경험하는 만 3세 이전의 대인관계는 부모와의 관계가 대부분입니다. 이때 부모가 어떻게 어떤 자극을 주느냐에 따라 뇌의 행보가 결정됩니다.

뇌는 계속해서 변화하고 성장하면서 새로운 경험을 바탕으로 신경 경로를 재구성하는데, 이를 신경가소성 neuroplasticity이라고 합니다. 아이는 태내기 동안 생성된 1천억 개의 뉴런 neuron을 가지고 태어나지만 아직은 서로 분리되어 있습니다. 태아의 뇌는 신경화학물질의 도움을 받아 의사소통 신호를 전달하고 신경세포를 분주하게 연결하지만 뉴런은 부모의 사랑을 느껴야 비로소 연결되기 시작합니다. 아이에게 말을 걸거나 꼭 껴안고 달래주는 등 애정 깊은 행동을 보일 때 신경세포인 뉴런이 반응하는 것입니다.

이렇게 부모와 아이의 모든 상호작용은 아이 뇌를 발달시키는 데 영향을 줍니다. 부모가 까꿍 놀이를 해주면 시각을 발달시키는 시냅스 synapse가 형성되고, 아이에게 말을 걸면 뇌신경은 언어소리

> **뉴런과 시냅스**
>
> **뉴런**은 신경세포입니다. 감각기관에서 받아들인 정보는 뇌에 전달되고 뇌는 정보를 판단하여 명령을 내리는데, 이러한 일련의 과정이 뉴런을 통해서 일어납니다.
> **시냅스**는 뉴런의 돌기 끝에 뉴런과 뉴런이 만나는 부위를 말합니다. 뉴런이 작동하는 데 중요한 역할을 하며 뉴런에서 뉴런으로 화학 전달 물질이나 전기적 신호를 전달합니다.

에 연결되기 시작합니다. 엄마와 함께하는 놀이, 아빠가 들려주는 자장가, 따뜻하게 쓰다듬어 주는 손길이 아이의 뇌를 왕성하게 발달시켜 뇌세포에서 뇌세포로 화학적 메시지를 전달하는 데 필요한 신경 연결망이 증가합니다. 부모가 제공하는 온갖 소리, 감촉, 이미지, 맛, 냄새가 뒤섞이면서 아이는 부모의 마음, 생각, 행동이 스며든 아이로 변화하기 시작하지요. 아이 한 명이 태어나 성장하는 과정에는 우리가 상상하는 것 이상으로 부모의 양육이 많은 영향을 준다는 것을 꼭 기억해야 합니다.

뇌 발달을 위해 다양한 자극을 주세요

신생아의 뇌 기능을 높이기 위해서는 감각 자극과 운동 경험을 통합시켜야 합니다. 정상적인 뇌를 가지고 태어났지만 성장 과정에서 감각 자극과 운동 경험이 충분치 않았기 때문에 중요한 능력을 개발할 기회를 갖지 못하는 아이도 있습니다. 지나치게 조용하고 자극이 없는 환경에서 자라 감각 자극이나 운동 기회를 거의 갖지 못한 아이나, 자유롭게 움직일 수 없는 아이용 캐리어, 침대, 보행기, 유모차 등에 갇혀 있는 시간이 많은 경우 감각과 운동 자극을 적절히 통합하지 못하게 됩니다.

뇌에도 욕구가 있습니다. 흥미로운 자극, 새로운 자극, 쉬운 자극, 어려운 자극, 정보 자극, 감성 자극 등 다양한 자극을 충분히 안정되게 받고 싶은 욕구가 있지요. 이런 욕구가 채워지지 않으면 뇌는 게을러지고 단순해지면서 정보처리 용량이 줄어들고 정보처리 능력도 낮아지게 됩니다.

영유아기의 뇌는 감각과 운동을 통해 자극을 받습니다. 입과 손의 촉각을 통해 정보를 인식하고, 여기저기 기어다니고 걸어다니면서 세상을 관찰하고 탐색합니다. 그런데 영유아기에 감각 능력과 운동 능력을 충분히 사용할 수 있게 허용하고, 안내해주지 않으면 뇌는 욕구가 충족되지 않음을 느낍니다. 물을 주지 않아 시들어가는 꽃처럼 퇴화하지요. 영유아기에 방임, 방치된 아이들을 종종 만나게 되는데, 골다공증으로 듬성듬성 구멍이 난 뼈처럼 생각하거나 학습하는 과정에서 허점이 자주 발견됩니다.

아이의 뇌 욕구를 채워주려면 신생아의 뇌 발달 과정을 이해해야 합니다. 뇌의 순차적인 발달과정을 알고 그에 맞게 아이에게 시각·촉각·청각·후각·미각·운동감각, 자극의 빈도, 강도, 기간을 조절해가야 해요. 뇌 손상을 가진 아이도 올바른 자극과 신체를 발달시킬 기회를 제공받으면 더 크게 더 좋게 발달합니다. 아이는 몸을 움직이려는 욕망을 가지고 태어났기 때문입니다.

자극을 받아들이는 감각기관은 태어나기 전부터 기능하는데, 생후 12개월까지는 자극에 대해 주로 오른쪽 뇌가 반응합니다. 이 시기에 아이가 가지고 있는 모든 감각기관인 눈·코·입·피부의 자극 그리고 아이의 몸에서 나오는 느낌은 아이의 뇌를 활발하게 작동시켜 기억을 만들어냅니다. 배고픔, 불편함, 목마름 등은 외부에서 들어오는 자극과 함께 모두 뇌로 전달됩니다. 이 시기의 아이에게 제공해야 하는 것은 아이의 다섯 가지 기본 감각기관을 충분히 자극하는 것과, 아이의 몸속에서 좋은 느낌이 일어나도록 도와주는 것입니다.

　부모는 아이에게 좋은 자극을 주어야 합니다. 부모로부터 다양한 자극을 받은 아이는 신체기관이 놀라울 정도로 발달합니다. 그 모든 경험이 뇌에 기억으로 남아 이후 감정이 풍부해지고 다른 사람들과 잘 어울리며 머리가 좋은 아이로 성장할 수 있지요. 이렇게 어릴 때의 암묵적 기억(몸의 기억, 감정 기억)은 뇌의 어딘가에 저장되어 있지만 의식적으로 끄집어낼 수 없는 기억으로, 우리 몸 어딘가에 저장되어 행동에 영향을 줍니다.

아이의 언어는 어떻게 발달할까요?

재잘재잘 말을 잘하는 아이를 보면 엄마 아빠는 내심 흐뭇해집니다. 다른 아이들보다 우리 아이가 더 잘 크고 있는 것 같아서 말이에요. 반면에 또래에 비해 말이 늦은 아이를 둔 부모는 마음이 조급해지기 마련입니다. 아이의 언어 발달에 문제가 있는 것은 아닌지 걱정이 되기 때문이지요. 금방 드러나 더 신경이 쓰이는 언어 발달, 어떻게 하면 도와줄 수 있을까요?

아이의 옹알이에 반응해주세요

사람은 언어를 사용해서 정보를 교환하고 서로 생각과 감정을 표현하면서 의사소통하고 관계를 형성해갑니다. 아이도 마찬가지입니다. 다만 아이의 언어는 울음에서 시작된다는 것을 이해해야 해요. 울음을 통해 '배고파요.' '졸려요.' 같은 의사를 표현하고 울음과 함께 표정, 몸짓을 보이며 적극적으로 의사를 전달하지요.

영유아기의 아이는 말 자체보다 말의 리듬·고저·강약에 따라 반응하며 이를 통해 상대방의 말에서 감정적인 단서를 알아차리게 됩니다. 화난 목소리를 들으면 잠깐 행동을 멈추었다 고개를 돌리거나 울며, 다정한 목소리를 들으면 미소나 웃음을 보이고 계속해서 주의를 집중하고 얼굴을 쳐다봅니다.

이렇게 소리의 고저와 강약에 영향을 많이 받기 때문에 이 시기에 아빠들은 억울한 누명을 쓰기도 합니다. 육아에 무척 관심이 많은 아빠가 상담을 하러 온 적이 있었습니다. 아빠가 아이를 안기만 하면 집이 떠나갈 정도로 크게 울며 그치지 않는다는 것입니다. 아빠는 노래도 불러주고, 까꿍도 하고, 이런저런 말로 달래보았지만 그러면 그럴수록 아이가 더 심하게 우는 것을 보면서 의기소침해져 있었습니다. "아이가 나를 싫어해요."라고 말하는 아빠의 얼굴에는 섭섭함과 아쉬운 마음이 역력했습니다. 그러나 아이는 아빠가 싫어서 운 것이 아닙니다. 아빠의 유난히 큰 목소리 때문이었습니다. 이 시기에 아이는 너무 큰 목소리에 불안감을 느낍니다. 아이와 친해지기를 원한다면 부드럽고 안정적인 톤으로 말을 걸고 반응해주어야 합니다.

또한 아이의 언어 발달을 도우려면 옹알이를 할 때 부모가 아이와 비슷하게 소리를 내면서 반응을 해주면 좋습니다. 그러면 아이는 옹알이를 더욱 많이 하게 됩니다. 반대로 부모의 반응이 없으면 점차 옹알이가 줄어듭니다. 어린 시절 옹알이를 충분히 해야 말하는 데 필요한 근육이 발달하고 호흡을 훈련할 수 있다는 것을 기억하세요.

실제로 한 실험Tincoff & Jusczyk(1999)에서는 어린 아이들이 주어진 환경 속에서 단어의 의미를 들으면서 학습할 수 있다는 것을 알아냈습니다. 먼저 생후 6개월된 아이들에게 부모의 비디오를 나란히 보여주었습니다. 아이들은 '엄마'라는 단어를 들으면 엄마 비디오를 더 오래 쳐다보았고, '아빠'라는 단어를 들으면 아빠 비디

아이의 옹알이에 반응하기

오를 더 오래 쳐다봤습니다. 반대로 엄마 아빠 대신 낯선 여자와 남자로 비디오를 대체했을 때는 이러한 행동이 나타나지 않았습니다. 이러한 결과들은 어린 아이들이 주어진 환경과 상호작용하면서 단어의 의미를 학습하고 있다는 것을 뜻합니다. 다시 말해 환경이 아이의 언어 발달과 밀접한 관계가 있다는 뜻이지요.

그렇다면 아이는 어떤 언어를 배우고 또 표현할까요? 다음의 표를 보면 생후 초기 아이의 언어 및 의사소통 능력의 습득 과정을 알 수 있습니다.

월령에 따른 영유아의 수용언어와 표현언어의 발달

	수용언어	표현언어
출생~6개월	• 갑작스러운 소리에 반응한다. • 목소리를 듣고 진정된다. • 소리가 나는 위치를 파악한다. • 이름과 "안녕." 같은 단어들을 알아듣는다.	• 운다. • 옹알이를 하고, 웃는다. • 목소리로 놀이를 하기 시작한다. • 자기 자신에게 말을 한다. • 목소리로 실험을 한다.
6~12개월	• "안 돼." 하면 하던 행동을 멈춘다. • 안기려고 팔을 든다. • 간단한 지시에 복종한다. • 간단한 말을 알아듣는다.	• 자기 문화의 언어에 해당하는 소리를 낸다. • 모음 소리를 조합한다. • 성인의 소리를 흉내 낸다. • 첫 단어를 말한다.

12~18개월	• 연속된 두 가지 명령을 수행한다. • 새로운 단어를 이해한다. • 자장가에 귀를 기울인다.	• 10개의 단어를 사용한다. • 물체를 명명하면서 요구한다. • 소리를 연결시켜 문장처럼 이어지게 만든다.
18~24개월	• 많은 소리를 알아듣는다. • "보여줘" 같은 행위단어를 이해한다.	• 짧은 문장을 사용한다. • 대명사를 사용한다. • 운율의 마지막 단어를 따라 말한다.
24~36개월	• 'in' 'on' 'under'를 사용한 명령을 따른다. • 한 번에 말한 주어진 세 가지 명령을 따른다.	• 소유격, 명사와 동사를 결합하여 사용한다. • 엄마가 아이의 말을 90퍼센트 이해한다.
36~48개월	• 다른 사람이 주는 메시지를 이해하고 의사소통의 사회적 맥락을 이해하는 능력이 향상된다.	• 접속사나 조동사 같은 복잡한 언어 형태를 사용한다.

* 출처 : Bryant(1997), Whitehurst(1982)

 아이는 울음, 옹알이를 거쳐 1세부터는 '엄마' 같은 간단한 단어를 말하기 시작합니다. 2세가 되면 복잡한 몸짓과 함께 두 가지 정도의 단어를 활용해 간단한 문장을 만들 수 있게 됩니다. 이렇게 의사소통 능력이 증가할수록 아이는 사물 이름에 많은 관심을 보이며, 새롭게 알게 되는 단어가 급속히 늘어나지요. 2~3세에는 폭발적인 언어발달이 이루어져 어구와 간단한 문장을 이해하고, '그것' '그'와 같은 대명사와 문장을 사용할 수 있게 됩니다.

아이가 어휘를 익힐 수 있게 도와주세요

단어를 명확하게 말해요

아이가 말소리에 집중할 수 있게 하려면 단어 사이를 끊어 말하고, 목소리를 낼 때는 억양이 있고 멜로디가 흐르듯 리듬을 타는 것이 좋습니다. 부모가 명확한 발음으로 천천히 말해주면 아이는 언어습득의 틀을 확고하게 갖출 수 있고, 읽기 능력 발달에 필수적인 신경회로를 강화할 수 있습니다.

예를 들어 부모가 "침대"라고 말하며 침대 가리키는 것을 반복하면 아이는 단어와 의미의 관계를 더 빨리 연결할 수 있습니다. 이때 무조건 반복하는 것은 아이가 지루하게 느낄 수 있기 때문에 바람직하지 않아요. 아이도 함께 대화에 참여하도록 하면서 언어를 습득하게 하는 것이 좋습니다.

아이들은 피드백을 좋아하기 때문에 아이 말을 따라서 흉내 내는 것도 좋은 방법입니다. 아이가 물을 보고 "무무무"라고 하면 "그렇지, 그건 무무무 물이야."라고 말해주세요. 그러면 '물'이라는 단어를 더 빨리 말할 수 있게 됩니다.

완전한 문장으로 대화해보세요

아이에게 말할 땐 완전한 문장으로 말하는 것이 좋습니다. '봄이 오니 꽃이 핀다.'에서 '봄이 오니'와 같은 종속절을 많이 사용하면 그렇지 않은 경우보다 더 빨리 복문을 익히게 되지요. 부모가 말을 많이 해줄수록 아이는 많은 어휘를 배울 수 있는데 이때 아이와 직접 말을 주고받는 것이 중요합니다. 다른 사람의 이야기를 듣는 것만으로는 큰 도움이 되지 않습니다.

  부모는 아이에게 '대화'를 가르쳐야 합니다. 대화에서 가장 중요한 규칙은 '다른 사람이 하는 말을 듣는 것'이지요. 소음과 혼란을 없애고 아이가 엄마 아빠의 목소리를 들을 수 있도록 라디오나 텔레비전을 꺼보세요. 낭랑한 목소리로 말하고 아이가 열중해서 들을 수 있도록 아이의 얼굴을 마주 보며 이야기하세요. 시나 노래에서 특정 소리를 내보거나, 즐겁고 신나는 목소리로 시를 낭송하게 하는 것도 좋은 방법입니다.

말과 표정, 행동으로 소통해요

언어의 가장 중요한 기능은 의사소통입니다. 의사소통을 제대로 하려면, 잘 듣고 상대방이 전달한 말에 맞는 반응을 해야 하지요. 그러려면 무엇보다 상대방이 한 말을 잘 이해해야 하는데 이것은 아이가 일상생활에서 부모와 대화하는 중에 스스로 터득할 수 있습니다. 그렇기 때문에 부모는 말과 표정, 행동이 일치하게 해야 합니다. "재미있다."고 말할 때에는 재미있는 표정을 지으며 즐거운 감정이 함께 느껴지도록 해야 합니다. 부모의 말과 표정, 행동이 일치하지 않으면 소통이 어려운 아이로 성장하게 됩니다. 주고받는 소통을 하지 않고 부모 자신만 속사포로 이야기하거나 말, 표정, 행동이 불일치하는 경우, 아이는 부모의 얼굴을 보지 않고 말도 듣지 않게 됩니다. 이러한 행동은 친구들과 이야기할 때도 나타나 상호작용이 어려운 아이가 되지요.

호흡 기능을 향상시켜주어요

아이의 언어 발달을 촉진시키는 가장 좋은 방법 중 하나는 아직 미숙한 아이의 호흡기능을 향상할 수 있도록 돕는 것입니다. 호흡은 아이의 여러 기능 중에서 취약한 기능의 하나로, 가능하면 빨리 깊고 규칙적인 숨을 쉴 수 있도록 도와주어야 합니다. 호흡 기

언어 발달과 의사소통 능력을 키우는 행동

- 아이 스스로 옷을 벗고 입게 하기
- 신발 혼자 신고 벗기
- 단추 채우기
- 지퍼 올리기
- 숟가락질하기

이러한 행동은 언어 발달을 돕고 다른 사람과 관계를 맺는 데 도움이 됩니다. 왜냐하면 처음부터 혼자 쉽게 할 수 있는 행동이 아니기 때문에 주변에 도움을 요청하게 되고, 그 과정에서 말하기, 기다리기, 듣기, 생각하기 등의 활동을 하게 되기 때문입니다. 그 과정에서 타인에 대한 이해가 생기고 소통하는 방법을 알아가게 되지요.

능이 제대로 발달하지 못하면 아이는 크고 일관된 소리를 내기 위해 필요한 공기를 충분히 들이마실 수가 없습니다. 그러면 소리 내는 것이 힘들어집니다.

아이의 호흡기관을 발달시키기 위한 가장 좋은 방법은 운동입니다. 팔다리를 움직이고, 배밀이를 하고, 기는 것은 규칙적인 호흡에 더할 나위 없이 좋습니다. 움직이면서 폐에 공기를 집어넣을 수 있고, 힘들어 하면서 우렁차게 울 수도 있습니다. 아이의 호흡기관을 발달시키려면 아이를 엎드려 있게 하는 시간을 갖게 하고, 엎드려서 운동하는 시간을 갖도록 해주세요.

언어 발달 과정을 알아두세요

아이의 언어 발달은 단계적으로 이루어집니다. 일정한 단계까지 발달이 잘 이루어져야 말하는 데 필요한 여러 가지 요인이 충족되어 말문이 트이게 됩니다. 그렇기 때문에 아이의 언어 발달 과정을 아는 것은 굉장히 중요합니다.

생후 2개월

'반사적 발성'인 울음소리, 기침, 딸꾹질, 재채기를 포함하여 아이가 처음으로 내는 소리들이 이 단계에 해당합니다. 아이는 울음소리로 의사소통을 시도하지만 부모는 울음소리보다 젖은 기저귀와 같은 외적인 단서들에 더 반응을 보입니다. 부모는 아이의 울음소리가 다양한 정서와 맥락에 따라 변화한다는 것을 잘 모르기 때문이지요.

생후 2~4개월

'꾸르륵 소리$^{\text{coo sound}}$와 웃음'을 보이는 단계입니다. 이 시기에는 아이가 웃기 시작하고 하나의 소리를 다른 소리와 결합할 수 있게 되지요. 꾸르륵 소리는 2개월 말쯤에 나타나는데, 아이가 행복할 때 자주 나오는 소리입니다. 부모가 아이에게 꾸르륵 소리를 내고 아이가 다시 부모에게 꾸르륵 소리를 내면서 서로 유쾌한 상호작용을 이어갈 수 있지요. 이렇게 아이와 부모 간의 의사소통은 주고받는 '차례 바꾸기' 과정을 통해 학습됩니다.

생후 4~6개월

아이가 '옹알이와 발성놀이'를 하는 단계입니다. 이때부터 성대, 입술, 혀, 입에 대한 통제를 할 수 있게 되면서 다양한 범위의 소리를 가지고 놀기 시작하지요. 생후 4개월이 되면 입모양과 소리를 일치시킬 줄 알기 때문에 직접 마주 보고 대화를 나누는 것이 좋습니다.

생후 6~10개월

아이가 '규범적인 옹알이'를 하는 단계입니다. 이 시기에는 아이가 단어처럼 들리는 규범적인 소리를 연결하여 내기 시작하며 반복적으로 옹알이를 합니다. 이 시기에 반드시 부모의 말소리를 듣거나 반응을 받아야만 발성을 하는 것은 아닙니다. 하지만 7개월 이후 청각 장애 아이들에게 음성적 옹알이가 사라져가는 것을 보았을 때 옹알이가 지속되려면 사람의 말소리를 들어야 하는 것을 알 수 있습니다. 청각 장애 아이는 몸과 손짓으로 옹알이를 하는데, 이런 노력을 유지시키려면 부모가 지속적으로 상호작용해주는 것이 중요합니다.

생후 10개월 이후

아이가 '억양이 있는 옹알이'를 하는 단계입니다. 이 시기에는 아이가 다양한 소리들을 결합하고, 강세와 억양 패턴, 의미 있는 말소리를 할 수 있게 됩니다. 억양이 있는 옹알이는 모국어의 중요 억양 패턴을 습득하는 데 중요한 역할을 합니다. 아이는 말소리와 억양 패턴을 가지고 노는 것을 즐기고 이 놀이가 언어 발달의 초석이 됩니다.

아이의 인지와 사회성은 어떻게 발달할까요?

아이는 자라면서 몸만 자라는 것이 아닙니다. 생각이 자라면서 아이의 세상도 넓어집니다. 엄마밖에 모르던 아이가 친구나 이웃도 알게 되지요. 때문에 아이가 자라는 중에 인지와 사회성이 자연스럽게 발달할 수 있도록 도와주어야 합니다.

아이의 생각이 자라요

갓 태어난 아이들도 생각을 할 수 있을까요? 물론입니다. 다만 신생아의 사고는 언어나 추상적 개념을 통해 이루어지기보다 직접 보고, 듣고, 느끼고, 행동하는 것에 의존합니다. 아이는 자극에 자동적으로 반응하다가 점차 사고가 발달하여 자신의 행동을 통제할 수 있게 되지요.

만약 엄마나 아빠가 일상생활에서 소리를 지르거나, 물건을 던지고, 몸을 거칠게 만지는 것을 보고 듣고 경험한 아이는 친구들에게 동일하게 행동합니다. 자신이 감각으로 경험한 정보를 축적해서 자신도 해도 되는 것으로 해석하고 행동하는 것입니다. 우리나가 속담에 있는 '아이들 앞에서는 냉수도 못 마신다.' '세 살 버릇 여든까지 간다.'와 같은 말들은 감각으로 바로 받아들인 정보가 얼마나 강력한 영향력을 발휘하는지 설명해주지요. 실제로 청소년을 상담할 때 이점을 충분히 발견하게 됩니다. 영유아기의 경험이 청소년기에 아이의 행동으로 나타나는 것을 보면 깜짝 놀랄 정도의 큰 연관성을 발견합니다.

육아감각이 있는 부모라면 아이의 생각이 자라나는 시기를 고려하여 적절히 자극하고, 잘못된 생각이 문제 행동의 원인이 되지 않도록 노력할 것입니다. 그러려면 먼저 아이의 인지 발달 과정에 대해 알아두어야겠지요.

생후 4개월까지

빨기 반사·잡기 반사 등을 통해 계속적으로 인지 능력이 발달합니다. 이 과정은 훗날 인지 발달의 기초가 됩니다. 자신과 세상 사이의 구분이 없고 다양한 반사행동을 사용하여 환경에 잘 적응할 수 있게 되지요. 빨기 반사와 잡기 반사가 동시에 이루어지거나 보이는 것을 잡으려고 하는 행동, 즉 보기와 잡기 반사가 동시에 이루어지면서 보다 복잡한 행동도 가능해집니다.

생후 4~8개월

외부의 사건과 대상에 대한 관심이 늘어나기 시작합니다. 아이가 우연히 한 행동이 흥미로운 경우 그 행동을 반복하려고 합니다. 그 행동에는 의도와 목표를 담고 있지요. 이러한 행동은 지능과 관계된 것으로, 자신이 의도한 대로 될 수 있다는 것을 하나씩 경험하면서 자아를 희미하게 의식해갑니다.

생후 8~12개월

아이가 원인과 결과 즉 인과개념을 갖기 시작합니다. 수건 밑에 감춘 물건을 꺼내기 위해 수건을 들추는 행동은 인과개념의 확인과정으로 볼 수 있어요. 또한 대상영속성 개념을 갖게 되어 물체가 눈앞에서 사라져 보이지 않아도 없어진 것이 아니라 존재한다는 것을 알게 됩니다.

생후 12~18개월

아이가 활동성이 높아지고 소근육 운동 기능이 증대되면서 탐색과 실험을 하려고 합니다. 이 시기에 집 안의 모든 물건은 실험도구가 되고 탐색 대상이 되지요. 따라서 위험한 물건은 미리 치워 아이가 자유롭게 탐색할 수 있도록 하는 것이 좋습니다. 그래야 아이가 자유롭게 세상을 알아갈 수 있고 자신의 목적을 이루는 경험을 할 수 있게 됩니다.

생후 18~24개월

아이의 인지 능력이 놀라울 정도로 발달합니다. 눈앞에 없는 물건도 생각하여 이미지를 그릴 수 있는 '정신적 표상'이 가능해지지요. 갑자기 먹고 싶은 과자가 생각나면 달라고 떼를 쓰기도 합니다. 행동을 하기 전에 상황을 생각할 수 있게 되는 것도 이 시기이지요.

인지발달 6단계

24~36개월로 행동을 따라 하는 지연모방 deferred imitation과 함께 상징놀이가 가능해집니다. 이때 상징은 국기와 같이 무엇인가를 대신해서 나타내는 징표를 말합니다. 아이는 상징적 사고를 하면서 가상놀이를 하게 되는데 소꿉놀이, 병원놀이, 시장놀이가 대표적인 가상놀이입니다. 이를 통해 영아는 다양한 생각을 하고 생각을

> **지연모방**
>
> 엄마가 걸레로 방바닥 닦는 것을 본 아이가 일정 시간이 흐른 뒤 휴지로 방바닥을 닦는 행동을 하는 것이 바로 지연모방입니다. 이 시기에 아이는 부모의 행동을 그대로 따라 하기 때문에 부모의 행동이 매우 중요하지요.

행동으로 옮기는 경험을 하게 되지요.

 이것은 훗날 직관력을 키우는 기초가 됩니다. 아이가 놀이를 할 때 직관에 의해 진행하는 경우가 많고, 아이의 직관은 성인과는 달리 평가에서 자유롭고 실수를 해도 부담이 없어 무궁무진하게 사용하며 발달시켜나갈 수 있습니다.

아이의 사회성이 자라나요

태어나서 엄마에게 완전히 의존적이었던 신생아는 자라면서 사람들과 마음이나 의도를 주고받는 소통을 하게 됩니다. 처음에는 엄마가 독립적인 존재라는 것을 이해하지 못하고, 다른 사람들과 의사소통을 할 때 울음과 같은 원시적 행동에 의존합니다. 하지만 만 1세가 넘으면서 달라집니다. 엄마를 인지하며 애착이 발달하고, 독립적이고 의도를 가진 존재로 대하기 시작하지요.

아이는 생후 6개월부터 부모의 표정을 통해 세상을 해석하고 자신이 어떻게 행동해야 할지를 결정합니다. 그래서 엄마나 아빠의 얼굴을 자주 보게 되지요. 이때 얼굴 표정으로 아이에게 사인을 주지 않으면 아이도 애매한 표정을 지으면서 짜증을 내거나, 엉뚱한 행동을 하면서 불만을 표현하게 됩니다. 부모가 무표정하거나 말과 행동, 표정과 감정이 불일치하는 경우일수록 아이는 더욱 혼란스러워하지요.

아이가 짜증이 많고 산만하며 공격적이어서 상담실에 찾아온 경우가 있었습니다. 부모에게 하루에 단 10분 동안이라도 아이의 마음을 읽고, 아이가 기대한 수준으로 정확하게 반응하고, 아이의 마음 속도에 맞추어보도록 했습니다. 그러자 아이는 금세 안정감이 충족되어 처음 상담실에 들어올 때와 다른 표정으로 집에 돌아갔습니다. 아이의 얼굴에는 '내가 원했던 것이 바로 그거예요.'라는 메시지가 담겨 있었지요.

단계적 상호작용이 필요해요

아이가 어릴 때 부모가 아이에게 음식을 먹이는 과정은 훗날 아이의 사회성 발달과 밀접한 관계가 있습니다. 아이는 음식을 먹는 과정을 통해 부모가 보여준 상호작용 패턴을 몸에 익히게 되고, 그 경험은 사회생활을 할 때 은연중에 나타나기 마련이지요. 이렇게 일상에서 늘 일어나는 상호작용 과정을 활용하여 아이의 사회성을 발달시켜주는 것은 효과가 아주 좋습니다.

이때 무조건 잘해야겠다는 생각으로 하기보다는 부모와 아이가 서로에게 단계적으로 적응하는 과정을 거쳐야 합니다. 먼저 서로에게 신체적·생리적으로 호흡을 맞추면서 '먹는 일'을 기분 좋게 해내는 것을 목표로 하세요. 무조건 계획한 양을 다 먹이려고 하기보다는 아이와 엄마의 욕구와 컨디션을 고려하면서, 서로에게 맞추고 존중하는 느낌을 경험하는 것이 좋습니다. 불가능하다고만 생각하지 말고 일단 시도해보세요. 생각하지 못했던 가능성을 발견하게 됩니다.

상호작용 과정에서 부모만 아이에게 맞춘다고 생각하면 곤란합니다. 아이도 나름대로 부모에게 맞추려고 노력하고 있으니까요.

신생아들조차도 자신의 리듬을 부모의 특징에 맞추려는 노력을 하고, 그렇게 할 수 있는 적응 능력도 점점 더 생겨나게 된답니다.

특히 수유 시 아이는 숨쉬기, 삼키기, 빨기, 쉬기 등의 리듬을 부모와 맞추려고 많이 노력합니다. 이때 부모가 아이의 노력을 알아차리고 함께 리듬을 맞추어가면 잘 먹게 되고 더 나아가 사회성 발달도 촉진됩니다.

이때 효과적인 상호작용 단계는 생물학적 조절 단계에서 시작

사회성을 발달시키는 5단계 상호작용

❶ 생물학적 조절 단계 (출생~2개월)	먹고, 자고, 깨는 상태와 같이 영아의 기본적인 생물학적 과정을 조절하기 위해 부모의 요구사항과 조화를 이루는 단계
❷ 면 대 면 교환 단계 (2~5개월)	면 대 면 눈 맞춤의 상황에서 서로 주목·주의하면서 반응성을 조절하는 단계
❸ 주제 공유 단계 (5~8개월)	대상들과 사회적 상호작용을 하고, 대상들과의 공동주의와 상호작용 행동을 확신하는 단계
❹ 상호성 단계 (8~12개월)	타인을 향한 행동을 시작하고 보다 유연하고 대칭적인 관계로 발달시키는 단계
❺ 상징적 표상 단계 (12개월 이후)	타인과 관계를 맺는 언어나 상징적 표상을 발달시키고 사회적 교환에 대해 생각하는 단계

해서, 면 대 면 교환 단계, 주제 공유 단계, 상호성 단계, 상징적 표상 단계로 발전하는 것입니다. 각 단계를 경험한 적이 없는 엄마 아빠에게는 너무 힘들게 느껴지겠지만, 완벽하게 하려고 하기보다는 조금씩 해나가다 보면 육아감각이 생기면서 "아! 진짜 할 수 있네." 하는 경험을 하게 됩니다.

아이의 사회성은 매우 섬세하고 복잡한 능력으로 사회성 발달을 위해서는 부모의 도움이 꼭 필요하기 때문에 부모의 노력은 선택이 아니라 필수랍니다. 자신감을 갖고 시작해보세요.

아이의 정서는 어떻게 발달할까요?

많은 부모들이 우리 아이가 똑똑하게 잘 크는 것만큼 따뜻한 마음을 가지고 주위를 돌아볼 줄 아는 아이로 자라기를 바랄 것입니다. 다른 친구들과도 잘 어울릴 수 있고 마음도 너그럽고 여유 있는 아이가 되길 바라는 마음 때문이지요. 이러한 마음은 정서 발달과 떼려야 뗄 수가 없습니다. 그렇다면 아이의 정서 발달을 위해서는 어떤 것들을 해야 할까요?

아이의 정서 발달을 이해해요

정서란 어떤 자극에 대하여 단시간 동안 계속되는 감정으로 혈압, 맥박 수, 호흡의 변화와 같은 여러 가지 생리적 변화와 웃음, 미소, 울음, 눈물 흘림, 찡그림 등의 눈에 보이는 행동적 반응을 말합니다. 영아기에는 이러한 정서 표현을 통해 성장을 이루어갑니다.

아이가 자신의 상태를 다른 사람, 특히 부모에게 알리는 정서적 표현은 부모로 하여금 아이를 보살피게 하는 기능을 합니다. 아이의 미소는 부모가 상호작용의 기쁨을 느끼고 더 적극적으로 지속하도록 해주고, 불편한 표정은 아이에게 무슨 문제가 있는지 살펴보고 문제를 해결하도록 해줍니다. 또 특정 자극에 대해 특정한 행동을 하도록 동기부여를 합니다. 예를 들어 분노는 공격 행동을, 공포는 회피 행동을, 애정은 친사회적인 행동을, 흥분은 적극적인 행동을 하게 하지요.

정서는 다른 영역에 비해 영유아기에 더욱 급격히 발달합니다. 아이는 성인이 느낄 수 있는 정서의 대부분을 경험하는데, 신생아의 경우 먼저 흥분 상태에서 유쾌와 불쾌의 정서가 나눠지는 것을 느낍니다. 그다음에 유쾌한 정서로부터 행복, 기쁨, 만족 등의 정서가 나타나며, 불쾌한 정서는 분노, 혐오, 공포, 슬픔 등의 정서로 나타납니다.

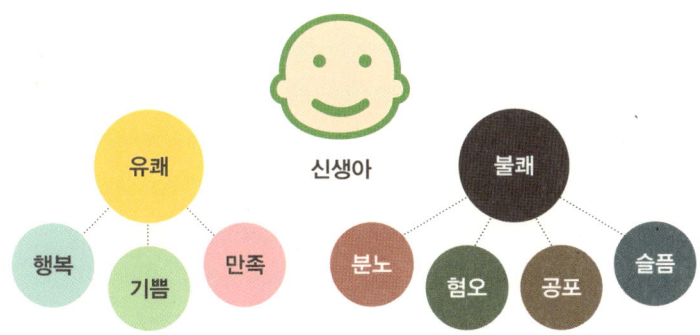

부모와 아이는 정서적으로 한 몸과 다름이 없습니다. 그래서 우울한 부모의 아이는 우울함을, 불안한 부모의 아이는 불안함을 쉽게 느낍니다. 실제로 불안으로 인해 유발된 아이의 틱 증상 때문에 상담을 하러 오는 부모는 대부분 자신이 이미 높은 불안 상태에 있다는 것을 알게 됩니다. 그러나 부모가 우울과 불안을 느낀다고 하더라도 그 감정을 잘 인식하여 표현하고 해소하며 조절해가는 모습을 보이면 아이도 그렇게 따라하게 됩니다. 부모가 늘 긍정적일 수는 없습니다. 중요한 것은 아무리 슬프고, 속상하고, 화가 나더라도 부모가 먼저 그 감정을 잘 다루는 모습을 보여주는 것입니다.

아이의 정서에 충분히 공감해주세요

사람은 충분한 반응과 공감을 필요로 합니다. 아이들은 더욱 그렇지요. 아직 인지 발달이 충분히 이루어지지 않은 영유아기의 아이는 정서적인 경험에 큰 영향을 받습니다. 부모가 아이의 정서 표현에 정확하게 반응하고 충분히 공감해주어야 아이가 만족할 수 있고, 감정조절 능력도 생기게 됩니다.

상담실에서 육아상담을 진행하다 보면 아이가 부모에게 밖으로 나가겠다고 하는 경우가 종종 있습니다. 그러면 대부분의 부모는 "나가지 말고 여기서 간식 먹을까?"라고 말합니다. 아이는 부모의 말은 아랑곳하지 않고 더 세게 울고 떼를 쓰지요. 그러면 부모는 당황하게 되고, 재빠르게 아이를 밖으로 데리고 나갈 수밖에 없습니다.

실은 이때가 부모의 육아감각을 실제로 키울 수 있는 순간입니다. 현실적으로 코칭을 해줄 수 있는 상황이기 때문이지요. 이럴 때 부모에게 효과적으로 아이의 감정과 욕구에 반응하는 방법을 실시간으로 알려드릴 수 있습니다. "아이가 상담 중에 우니까 당황하셨죠? 상담시간은 정해져 있는데 아이가 울면 제대로 상담을 할 수 없을 것 같아 조급하실 거고요. 하지만 이럴 때일수록 아이의 마음을 충분히 공감해주고 조급하지 않게 반응해주는 것이 필요해요." 하며 곤란해하는 부모의 마음을 먼저 공감해드립니다.

"제가 말씀드리는 대로 아이의 욕구와 감정에 맞추어 아이에게 이야기해보세요. ○○가 밖에 나가고 싶구나! 엄마 아빠가 선생님하고만 이야기해서 심심하고 답답했지? 그래. 지루하고 심심했을 것 같아." 이렇게 이야기하면서 아이의 마음에 진정한 관심을 보여줍니다. 그러면 아이는 부모가 자신에게 진짜 관심을 보인다는 것을 느끼고 잠시 진정이 됩니다. 그런 후 부드럽게 "그런데 어쩌나, 지금은 밖에 나갈 수는 없고 20분 뒤에 나갈 수 있는데." 하고 이야기를 합니다. 이때 엄마 아빠의 조급한 마음이 전달되지 않도록 하는 것이 중요합니다.

이렇게 부모의 마음을 조절한 후에는 아이가 지루함을 해결할 수 있는 방법을 제시합니다. "기다리는 동안 여기서 할 수 있는 두 가지 방법을 알려줄게. 하나는 집에서 가져온 장난감을 갖고 놀 수 있고, 또 하나는 간식을 먹으면서 시간을 보낼 수 있어."라고 하면서 욕구를 해소하고 조절할 수 있는 대안을 제시하는 것이 좋습니다. 이렇게 하면 나가려고 하는 마음을 끝까지 억제하지는 못하더라도, 최소한 새로운 문제를 만들지는 않습니다.

충분한 반응과 공감 없이 계속해서 문제해결에만 초점을 맞추면 아이 마음에 답답함과 무기력함이 생깁니다. 이런 감정이 점점 누적되면 예민한 아이는 짜증이 잦아지고, 순응적인 아이는 아동기까지는 잘 참는 착한 아이로 성장하다가 사춘기에 갑자기 분노를 보이거나 우울함을 나타낼 수 있습니다.

부모는 아이에게 평소에 충분한 반응과 공감을 해주면서 적절하게 아이가 욕구좌절을 경험하는 과정에서 감정조절 능력을 키울 수 있게 도와주어야 합니다. 이 과정은 아이의 정서 발달에 굉

장히 중요합니다. "조금 참으면 더 큰 기쁨이 있어. 그러니 좀 더 기다려야지." 하고 생각할 수 있는 능력을 키워주는 것입니다.

좌절에 대해 참을 수 있는 능력은 약 2세가 되면 나타나기 시작해서 유아기에 극적으로 증가하기 때문에 이 시기에 좌절 인내력과 감정조절 능력을 연습하는 것은 정서 발달에 매우 좋습니다. 충분한 반응과 공감, 적절한 좌절인내력과 감정조절능력의 훈련은 정서 발달에서 매우 중요하다는 것을 잊지 마시고, 부모의 육아감각을 잘 활용해보세요.

정서의 분화 과정을 촉진해주세요

아이의 정서는 처음부터 어른과 같지는 않습니다. 처음에는 단순하던 정서가 자라면서 점점 분화되는 과정을 거치게 되지요. 갓 태어난 아이는 호기심과 혐오감이라는 정서를 갖고 있습니다. 그러다 생후 3~4개월이 되면 분노, 놀람, 슬픔이라는 정서가 분화됩니다. 생후 5~7개월에는 공포의 정서가 생기고, 생후 6개월 이후에는 다른 사람의 정서에 영향을 받기도 합니다. 이때 내적으로 안정감을 느끼면 세상과 주양육자에 대해 좋은 감정을 얻을 수 있습니다. 생후 6~8개월에는 수치심과 수줍음이라는 정서가 분화됩니다.

그러다 생후 1세 이후에는 정서 분화가 명확해집니다. 어떤 일에 극도의 기쁨을 나타내고 발견의 즐거움도 알아갑니다. 가족에 대한 안락감과 낯선 사람에 대한 이해, 사랑하는 부모를 잃는 것과 관련된 불안이 나타나기도 합니다. 또 사랑과 저항에 관한 표현이 끈질긴 요구로 나타납니다. 그래서 사랑을 표현하기 위해 달려가서 껴안기, 미소 짓기, 뽀뽀하기 등의 행동을, 저항을 표현하기 위해 돌아서기, 울기, 쾅쾅 치기, 발로차기, 던지기 등의 행동을 하기도 합니다.

1~2세까지는 정서변동이 심한 편이지만 더 오랜 시간 안정적이고 조직화되는 과정을 보입니다. 그리고 2세 이후에는 사랑, 불행, 질투, 부러움 같은 복잡한 정서가 발달합니다. 2세 이전과 동

▮ 생후 1세 이전 정서 분화 과정

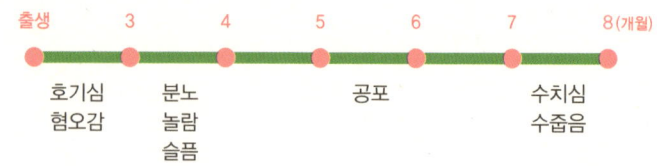

아이의 정서적 표현 방법

뽀뽀하며 애정 표현하기

주저앉아 울며 저항하기

물건을 던지며 화내기

획 돌아서며 질투하기

일하게 피곤이나 배고픔과 같은 신체적 변화에 쉽게 영향을 받게 되지요. 이 시기 정서의 대부분은 자기중심적이지만 불안을 더욱 잘 참을 수 있게 발달하기도 합니다. 예를 들어 '엄마는 돌아올 것이고, 엄마는 나를 사랑해.'와 같은 정서적 이미지를 통해 불안한 감정을 의지적으로 변경함으로써 조절하는 것이 가능해집니다.

이후 2~3세까지는 변덕, 보채기, 달라붙는 행동이 나타납니다. 이 시기의 정서는 행복, 슬픔, 공포, 분노와 같은 단순한 정서부터 자기인식이나 질투와 같은 보다 복잡한 정서까지 다양하게 나타납니다.

이렇게 정서가 분화되는 과정을 알고 나면 '왜 우리 아이가 안 하던 행동을 하지?' '안 그랬던 아이가 왜 미운 짓을 하지?'와 같은 고민은 해소됩니다. 아이의 행동은 발달의 과정이고, 정서 분화의 과정에서 나오는 자연스러운 표현이기 때문이지요.

감정 그림으로 정서 발달을 도와주세요

그림은 자신의 감정을 효과적으로 표현할 수 있는 유용한 방법 중

하나입니다. 그림으로 표현하는 것을 좋아하거나 잘 하는 사람에게는 더욱 그렇지요. 설사 그림을 그리는 능력이 부족하다 하더라도 어려서부터 그림으로 자신의 감정을 표현하다 보면, 잘 그리고 못 그리는 것이 그리 문제가 되지 않는다는 것을 알게 됩니다.

아이와 함께 자신의 감정을 표현하는 '감정 그림'을 그려보세요. 표현할 수 있는 부분부터 그리면 됩니다. 만약 직접 그리기 어렵다면 잡지의 사진이나 그림을 활용해서 표현할 수도 있습니다. 그림 속에 담기는 기쁨·노여움·슬픔·즐거움의 4가지 기본 감정은 책상에 있는 4개의 다리처럼 하나라도 대충 넘어가서는 안 되는 것들입니다. 다리가 하나라도 없으면 3개의 다리가 아무리 튼튼하다고 해도 책상이 바로 설 수 없는 것처럼, 희로애락의 감정은 건강한 감정발달에서 모두 중요한 감정입니다. 영유아기부터 그 감정을 제대로 지각하고, 표현하고, 해소하고, 조절하는 것이 필요합니다. 그렇다면 감정을 그림으로 표현하는 방법을 한번 알아볼까요?

기쁨

기쁨은 욕구가 충족되었을 때 느끼는 충만한 감정입니다. 아이가 기뻐하는 표정을 단순한 선으로 표현할 수도 있고, 기쁜 표정을 지은 사람의 사진을 오려서 붙일 수도 있습니다. '칭찬받는 모습' '환하게 웃으며 달리는 모습' '음식을 맛있게 먹는 모습' '박수를 치는 모습' '용돈을 받는 모습' '장난감이나 멋진 옷을 선물 받는 모습' 등의 상황을 구체적으로 묘사하는 것도 좋습니다.

이렇게 그림으로 표현해 보면 기쁨이 두세 배로 불어나게 됩니다. 말로만 표현할 때는 그 순간이 지나면 감정이 점점 희미해지지만 그림으로 남기면 수시로 그 감정을 기억해내면서 다시 기뻐할 수 있지요. 특히 영유아기에는 기쁨과 즐거움과 같은 긍정적 정서의 경험이 매우 중요합니다. 긍정적 정서는 훗날 성장하면서 받게 되는 마음의 상처를 치료하고, 정신을 건강하게 하는 중요한 역할을 하기 때문이지요.

엄마 아빠도 함께 그림으로 감정을 표현해보세요. 자신이 무엇으로 인해 기쁨을 느끼는지 구체적으로 알게 됩니다. 이러한 모습은 아이에게 힘도 됩니다. 아이는 엄마 아빠가 기뻐하고 있다는 사실을 인식하는 것만으로도 저절로 행복과 안정을 느끼기 때문이지요. 어린 시절에 엄마 아빠가 행복해 보이면 마음이 편하지만, 그렇지 않다고 느껴지면 어딘가 불안함을 느꼈던 경험이 있을 것입니다. 아이와 부모는 정서적으로 한 몸이라는 것을 기억하고 부모의 긍정적 감정을 아이도 함께 느낄 수 있도록 도와주세요.

노여움

노여움은 분하고 섭섭하여 화가 치미는 감정입니다. 그만큼 뜨겁고 압력이 강해 자신의 마음을 상하게 할 수 있고, 타인에게도 상처를 주기 쉬워요. 그래서 노여움의 감정을 건강하게 잘 표현하는 기술이 필요합니다. 언어적 표현과 함께 그림 표현을 병행하면 노여움을 보다 후련하게 표현할 수 있어서 열기를 식히는 데 도움이 됩니다.

예를 들어 너무 화가 나서 말을 해도 충분히 풀리지 않고, 답답하고 미칠 것 같은 때가 있습니다. 그럴 때 화산이 폭발하는 그림이나 사진을 이용해서 화난 감정을 표현하거나 붉은 크레파스로 새빨갛게 도화지를 다 채운다면 속이 후련해집니다.

육아를 하다보면 엄마 아빠도 노여울 때가 많이 있습니다. 그럴 때 폭풍 사진을 이용하거나 번개 그림을 그려서 감정을 표현해보세요. 엄마 아빠가 그림으로 감정을 표현하면 언어로 표현할 때보다 아이도 상처를 덜 입습니다. "엄마가 이 사진의 폭풍처럼 화가 났어."라고 표현하는 것이, "엄마 정말 화났어."라고 말하는 것보다 낫습니다. 노여움을 표현하는 사람도, 그림을 보는 사람도 부담을 덜 느끼기 때문이지요.

슬픔

슬픔은 자신과 타인의 아픔, 상실, 실패 등으로 인해 느끼게 되는 감정입니다. 때로는 동화나 영화와 같은 현실이 아닌 허구적 스토리를 통해서도 느낄 수 있습니다. 감성이 넘치는 아이들은 슬픈 노래만 들어도 울먹거리며 슬퍼합니다. 어떤 엄마 아빠는 아이가 슬퍼할 때 "슬프지 않아. 괜찮아." 하며 달래더군요. 하지만 슬픔은 피해야 할 감정이 아닌 건강하게 해소해야 하는 감정입니다.

따라서 아이가 슬픔을 표현할 때는 슬픈 감정을 통제하기보다 공감해주는 것이 좋습니다. 그리고 그 슬픔을 함께 느껴주어야 합니다. 슬플 때 엄마 아빠가 함께 슬퍼해주고 위로해주었다는 사실은 아이가 혼자가 아니라고 느낄 수 있게 해줍니다. 슬픔은 견딜 수 있고 나눌 수 있는 감정이라는 것을 기억하게 되는 것이지요.

슬픈 감정은 '눈물 그림'이나 '처진 눈썹 그림'으로 표현할 수 있습니다. 또는 슬픔을 경험했던 상황과 관련된 장소나 물건을 그리거나 동화나 영화의 특별한 장면을 사진으로 표현할 수 있습니다.

엄마 아빠의 슬픔도 아이가 받아들일 수 있는 수준의 그림이나 사진으로 표현해보세요. 그러면 아이는 슬픈 감정을 더욱 잘 공감하게 됩니다. 이러한 감정의 공감은 타인을 배려하고, 도와주고, 위로해주는 사회성을 기르는 데 큰 도움이 됩니다.

즐거움

즐거움은 특정한 체험이 자신의 긍정적 정서에 울림을 주어 느끼게 되는 감정입니다. 이 감정은 아이들의 신체, 정서, 인지 발달에 매우 중요한 역할을 합니다. 아이는 즐거움을 느낄 때 능동적으로 움직이고 창조적으로 생각하기 때문입니다. 무엇보다 아이의 자존감과 회복력이 살아납니다.

다행히 아이들은 아주 작은 일에서도 즐거움을 느낍니다. 그 즐거움을 그림이나 사진 혹은 선이나 색으로 표현하도록 도와주세요. 아이들은 그 활동 자체로 다시 즐거움을 느낍니다. 이렇게 즐거움을 표현해본 아이는 무엇이든 즐거움의 재료가 될 수 있다는 것을 알게 돼요. 그러면서 스스로 즐거움을 창조하고, 엄마 아빠를 조르지 않고도 즐겁게 놀 수 있는 방법을 터득해갑니다. 장난감이 없는 상황에서도 친구들과 노는 방법을 찾을 수 있게 되지요.

부모 역시 자신이 언제 즐거움을 느끼는지 제대로 알게 되면서 막연히 '즐거운 시간을 만들어야겠다.'는 생각을 하기보다 '나는 ~를 하면 즐거워.'라는 구체적인 생각을 하게 됩니다. 그렇게 되면, 막연한 불만이 줄어들고 일상에서 쉽게 즐거움을 경험할 수 있게 됩니다.

지금부터 스케치북과 색연필을 가지고 아이와 함께 감정 그림을 그려보세요. 특히 아이가 자신의 감정을 말로 표현하기 싫어할 때 그림이나 색으로 표현하게 해보세요. 이러한 활동으로 감정을 표현하다 보면 자신의 감정을 통찰하게 되고, 자신에게 적합한 표현 방법을 생각하면서 감정에 제대로 집중하게 됩니다. 환경이나 주변 사람을 탓하기보다 자신의 감정을 확인하는 법을 깨닫고 표현할 기회를 준 부모에게 고마운 마음을 가지게 되지요.

부모 역시 이 과정에서 동심으로 돌아가 아이와 제대로 눈높이

기쁨

노여움

슬픔

즐거움

를 맞출 수 있습니다. 때때로 그림을 주고받고 하는 과정에서 엄마의 그림이 아이가 보기에 이상하게 보여 웃음을 선물할 수도 있어요. 하지만 부모는 아이의 그림을 보고 폭소를 터트리면 안 됩니다. 그림 때문에 자신을 놀린다고 생각할 수 있으니까요.

그림은 어느 특정한 사람에게만 허용되는 감정 표현의 도구가 아닙니다. 누구나 사용할 수 있습니다. 특히 어려서부터 자신을 표현하는 데 그림을 사용하게 되면 타고난 소질이 없다고 해도, 감정을 그림으로 표현하는 능력은 누구 못지않게 발전할 것입니다. 네 가지 기본적인 감정의 표정을 그리는 것부터 시작해서 다양한 방법으로 표현해보세요.

함께 그린 감정 그림 스케치북을 보관하였다가 아이가 사춘기가 되었을 때 보여준다면, 아이는 감동을 느끼고 보다 성숙한 사춘기를 보내게 될 것입니다. 아이가 그린 그림 중에서 가장 감정이 잘 표현되고 귀여운 그림을 골라 아이를 상징하는 마스코트로 만들어 주세요. 아이에게 매우 좋은 추억거리가 될 것입니다.

아이와 함께 감정 그림 그리기

울음, 수면, 수유, 애착으로 발달 체크가 가능한가요?

"매일 보는 아이라 우리 아이가 잘 자라고 있는지 잘 모르겠어요."라고 말하는 엄마 아빠도 있습니다. 그럴 때는 아이의 발달을 체크해볼 필요가 있지요. 객관적인 시각으로 아이를 관찰하면서 아이가 제대로 성장하고 있는지, 필요한 것은 없는지, 엄마 아빠가 도와줘야 할 것은 무엇인지를 확인해보아야 합니다.

아이의 울음을 잘 들어보세요

아이의 울음은 1차적으로 엄마에게 무엇인가를 도와달라고 하는 생물학적 요청입니다. 2차적으로는 주위 사람을 원하는 대로 조정하고자 하는 의지적 도구이기도 합니다. 건강한 신생아의 경우 하루 평균 1~3시간 우는데, 과도하게 우는 것은 일반적으로 생후 6주경에 절정에 이르고 대부분의 아이는 생후 3개월 안에 스스로 마음을 가라앉힐 수 있을 만큼 성숙해집니다.

때때로 아이가 영아산통colic(생후 3~4개월 이내의 신생아들이 울고 보채며 배가 아파 보이는 경우)으로 심하게 우는 경우가 있습니다. 아이가 원인을 알 수 없는 상태로 하루에 3시간 이상, 일주일에 3일 이상, 연속 3주 동안 울면 부모는 극심하게 불안해지고 심각한 스트레스 상황에 놓이기도 합니다. 하지만 아이가 잘 먹고 잘 자는데 그렇게 우는 거라면 크게 걱정하지 않아도 됩니다. 신생아는 자궁에서 세상으로 삶의 터전을 옮기는 중으로, 어린 아이의 뇌는 아직 '서캐디안 리듬(24시간에 따른 생체리듬)'에 익숙하지 않습니다. 울음으로써 먹고, 자고, 불편한 것을 해결할 수밖에 없기 때문입니다.

이 시기에 우는 아이를 달래는 기본적인 방법으로는 몇 가지가 있습니다. 안아주기, 아이의 위치 바꾸기, '쉬' 소리내기, 흔들기, 환경 바꾸기, 젖이나 빈 젖꼭지 빨게 하기. 그러나 이러한 방법이 통하지 않을 때는 허둥대며 아이의 울음을 그치는 것에만 초점을 두기보다는, 아이의 울음을 받아들여주세요. 아이가 길게 울 수도 있다고 생각하면서 울음을 그치는 것을 기다려주어야 합니다.

그 다음 아이가 어느 정도 진정된 후에는 아이의 귀에서 약 15센티미터 떨어진 곳에서 부드럽고 따스한 말을 해주며 아이의 감정을 달래주세요. 엄마와 아이의 가슴이 닿게 안아주면서 아이의 등을 부드럽게 토닥이거나 쓰다듬어주면 됩니다. 이 과정에서 아이는 안정 호르몬과 행복 호르몬이 분비되면서 울음을 건강하게 마무리할 수 있게 됩니다. 울음이 잘 마무리되어야 감정이 개운하여 징징거리지 않습니다.

　우는 아이를 달래주는 것을 힘들고 피해야 할 것으로만 생각하지 마세요. 아이 울음을 달래는 것은 아이의 정서 발달과 바이오리듬에 매우 중요한 역할을 하기 때문입니다, 아이의 울음을 안정적으로 달래게 되면, 체내의 주요한 장기들을 관리하는 뇌간에 있는 미주신경이 활성화됩니다. '방랑자'라는 별명을 가진 미주신경이 활성화되어 올바르게 자리를 잡으면 아이의 소화, 심장박동, 호흡, 면역 등 주요 신체체계가 균형을 갖게 됩니다.

　미주신경이 올바르게 자리 잡도록 돕는 것은 부모가 아이에게 줄 수 있는 선물 중 하나라고 할 수 있습니다. 잘 발달된 미주신경은 보다 조화로운 감정, 명확한 생각, 집중력, 효율적인 면역체계를 갖게 해줘요. 게다가 미주신경이 발달한 사람들은 다른 사람에게 호감을 준다고 합니다.

　그러나 아무리 애를 써도 아이의 울음을 달랠 수 없는 경우, 아이의 울음으로 인해 부모와 아이의 유대관계가 힘들어질 가능성이 있는 경우에는 전문가의 도움을 얻는 것이 좋습니다. "으앙!" 하고 하루종일 우는 아이라면 말이에요. 아이의 울음을 마법같이

> **아이의 울음을 효과적으로 달래는 방법**
>
> - 아이가 느끼는 불안을 진지하게 받아들인다.
> - 활기찬 목소리로 아이의 감정에 반응한다.
> - 엄마가 먼저 진정한다.
> - 신체 접촉과 마사지를 해준다.
> - 몸을 따뜻하게 해준다.
> - 천천히 규칙적으로 흔들어준다(태아 시절 엄마가 걸어 다녔을 때 아이가 느꼈을 수준으로).
> - 낮은 진동음을 들려준다.
> - 호기심을 약하게 자극하거나 있던 자극을 없앤다.
> - 우는 아이 때문에 너무 당황하거나 쩔쩔매지 않는다.

그치게 하는 공식은 없지만 아이의 특성과 부모의 심리적 상태, 부모가 아이를 달래는 방법을 함께 살펴보면 효과적으로 아이의 울음을 달랠 수 있는 방법을 찾을 수 있습니다.

일상에서 아이의 울음을 달래는 부모의 모습은 다양합니다. 울음소리가 듣기 싫어서 오로지 울음을 그치는 것에만 신경 쓰거나 반대로 아이의 울음을 대수롭지 않게 여기는 모습에 이르기까지 부모마다 개인차가 있지요. 그 중에서도 울음을 달래는 첫 단계에서 그 차이가 확연하게 드러납니다. 부모가 모른 척해도 되는 울음인지 진정한 관심을 보여야 하는 울음인지 구분할 수 있는 능력에 따라서 대처하는 방식이 달라지기 때문입니다. 이것을 제대로 구분하는 육아감각 있는 부모는 아이의 울음을 잘 달랩니다. 만약 모른 척해도 되는 울음을 과하게 달래려고 하거나, 진짜 관심을 보여야 하는 울음을 모른 척하게 되면 울음이 더 크게, 오래 지속되어 달래기가 힘들어지지요. 이처럼 아이의 울음을 달래는 능력은 부모의 육아감각과 깊은 관련이 있습니다.

아이의 수면의 질을 높여주세요

부모와 가까이 재우기

아이는 다른 사람의 호흡에 매우 민감하며, 함께 있는 어른의 호흡에 맞추어 호흡하려는 경향이 있습니다. 부모와 함께 자는 아이는 부모의 숨소리를 듣고 그에 맞추어 자신의 호흡을 조절하기도 하지요. 그래서 모유를 먹는 아이는 움직임, 각성, 심지어 심장박동과 호흡까지 엄마와 비슷해집니다. 아이와 엄마는 태내기 동안 함께해오면서 서로에게 익숙하고 민감한데, 이것은 출산 후에도 지속됩니다. 엄마의 숨소리, 체취, 체온, 움직임과 접촉으로 느껴지는 단서들이 잠자는 아이의 호흡을 조절하고 아이를 각성시켜 건강해 보이던 신생아가 갑자기 죽는 영아돌연사 증후군을 막는 역할도 하지요.

아이의 심장박동, 체온, 호흡, 수면, 각성을 비롯한 아이의 기본적인 신체현상은 부모가 곁에 있느냐 없느냐에 크게 영향을 받습니다. 그래서 아이는 엄마의 편안한 손길이 닿을 만큼 가까이에서 재우는 것이 좋아요. 태어난 지 이틀 지난 아이를 대상으로 아이 혼자 잘 때와 엄마 피부에 닿은 상태로 잠잘 때의 심장 박동 수를 측정했더니, 엄마와 떨어져 있는 아이는 깊게 잠들지 못하는 것으로 관찰되었습니다. 엄마와 아이의 접촉은 아이를 보호하고 영양을 공급하기 위해 수천 년 지속되어 온 인류의 생존방식입니다.

수면은 부모와 아이가 함께 하기에 참 좋은 시간입니다. 사실 아이는 40주 동안 자궁에 있었기에 아직 혼자 있는 것에 익숙하지 않습니다. 그래서 잠자는 습관을 익혀야 합니다. 잠자기 전에 목욕을 하고, 옷을 갈아입고, 자장가를 듣게 되면 잠을 자야 한다는 것을 인지하게 됩니다.

아이가 편안해하는 수면 환경은 아이마다 약간씩 다를 수도 있습니다. 누워서 자는 것이 편안한 아이가 있는가 하면 엎드려서 자는 것이 편안한 아이, 꼭 감싸주는 것을 좋아하는 아이가 있는가 하면 느슨한 것을 좋아하는 아이도 있습니다. 또한 월령과 연령이 높아지면서 수면 패턴이 변하기도 합니다. 아이들의 공통적인 수면 패턴을 이해하면 좋은 수면 습관을 만드는 데 도움이 됩니다.

규칙적인 수면 습관 만들기

부모가 알아야 할 아이의 수면 패턴은 크게 동적수면과 정적수면으로 구분할 수 있습니다. 동적수면 상태는 아이가 잠을 자기 시작한 지 처음 25분 동안의 수면 상태를 말합니다. 이때는 아이의 얼굴 움직임이 분명하게 나타나는데, 눈동자를 많이 움직이거나 미소를 짓거나 찡그린 얼굴을 합니다. 또한 불규칙적으로 숨을 쉬거나 몸의 움직임이 많지요. 아이가 동적 수면 상태일 경우 엄마 품에 안겨 있거나, 잠을 재우기 위한 토닥임 등이 지속되어야 하고 부모가 아이 곁에 있어주어야 해요. 만약 이 때 아이를 침대에 뉘거나 방에 혼자 놔두고 나오면 아이가 깰 가능성이 큽니다.

반대로 정적수면 상태에서는 아이가 규칙적으로 호흡을 하기 시작하고 입으로 빠는 동작을 합니다. 몸의 움직임도 거의 없으

동적수면 상태일 때는 옆에서 함께 토닥이며 재우기

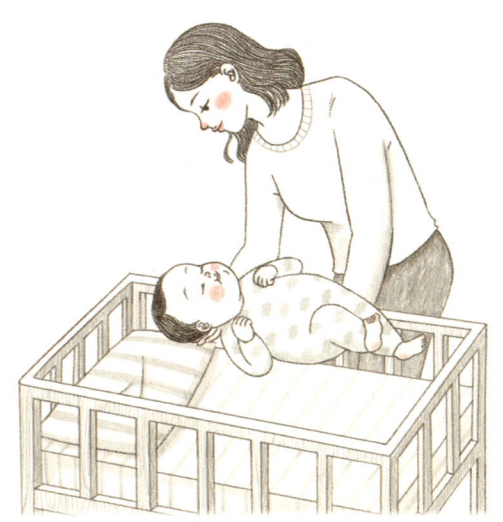

정적수면 상태가 되면 조용히 눕히고 나오기

며, 동적수면 상태와 마찬가지로 25~50분가량 지속됩니다. 부모가 아이 곁에서 잠을 재우다가 정적수면 상태로 전환된 것을 확인하고 나와야 아이가 계속 잠을 잘 수 있습니다.

평소에 아이가 자주 깨서 힘들다고 육아상담을 온 한 엄마의 눈에 다크서클이 깊게 드리워져 있는 것을 본 적이 있습니다. 이야기를 더 들어보니 아이가 자다가 조금만 꿈틀거려도 엄마가 깨서 아이를 살펴보는 횟수가 많았습니다. 당연히 엄마는 피곤해지고 아이도 스스로 잠이 드는 것이 어려워졌지요. 아이가 꿈틀거리거나 일시적으로 일어나는 것에 일일이 반응하는 것은 바람직하지 않습니다. 이러한 아이의 움직임은 편안한 잠자리를 만들고 싶어서 스스로를 조절하는 과정이기 때문입니다. 그때마다 엄마도 함께 깨서 다시 재워주면 아이 스스로 신체를 조절하거나 환경에 적응하는 것이 어려워집니다. 적절한 환경을 만들어가는 과정이라고 생각하고 너무 민감하게 반응하지 않도록 해야 하지요.

생후 1개월 된 아이는 잠을 잘 때마다 수면 주기를 1~2회 반복하기 때문에 엄마가 느끼기에 재우고 돌아서면 깬다는 느낌을 갖기 쉽습니다. 그러나 대부분의 아이는 정적수면 상태를 1~2회 지속하여 1~2시간씩 잠을 잡니다. 때로는 동적수면 상태가 반복되는 아이도 있는데, 이것은 아이가 아직 새로운 환경에 적응하지 못한 증거라고 할 수 있습니다.

　아이의 수면 패턴이 규칙적으로 만들어지기 위해서는 동적수면 시간에 충분히 잠을 준비할 수 있도록 조바심을 내지 말고 기다려주어야 합니다. "어휴, 얘는 왜 이리 안 자는 거야?" 하며 재촉해서는 안 된다는 말이지요.

　그러다 생후 2개월 무렵이면 아이의 호르몬계가 활동하기 시작해 24시간 주기 리듬이 조금씩 나타나기 시작합니다. 아침저녁을 구분하게 하는 호르몬이 분비되어 빛과 어둠을 구분하고, 엄마의 수유 패턴에 따라 밤낮의 차이를 감지하는 능력도 생기게 되지요. 그렇기 때문에 부모도 아이와 유사한 수면 패턴을 만들어야 합니다.

　만약 부모가 불규칙적으로 잠을 자게 되면 자연적으로 아이의 수면환경이 망가지게 되어 규칙적인 수면 습관을 갖기 어렵습니다. 아이의 수면 패턴은 부모의 임신 전, 임신 후, 출산 후의 수면 패턴에 영향을 받기 때문입니다. 아이의 수면 패턴은 아이뿐 아니라 부모의 심리와 일상생활에 큰 영향을 주므로 좋은 수면 습관을 만들어가는 것이 좋습니다.

수유를 하며 아이와 교감해요

수유는 아이와 엄마에게 매우 행복한 시간입니다. 물론 이 행복은 엄마의 힘겨운 노력과 희생을 전제로 합니다. 젖몸살로 시작해서 유선에 염증이 생기기도 하고, 함몰 유두로 아이와 엄마가 고생하는가 하면 때때로 아이가 젖꼭지를 깨물어 피가 나기도 하고 너무 빨아서 젖꼭지가 헐기도 합니다. 아이 역시 젖을 빨기 위해 온 힘을 다 들여야 합니다. 때때로 사래가 걸릴 정도로 아이 역시 힘든 과정을 경험하게 되지요.

이런 힘든 과정이 다 지나고 아이와 엄마가 수유하는 것이 익숙해지면, 아이는 편안해지고 엄마의 기분도 좋아집니다. 모유를 만들어내도록 몸을 자극하는 프로락틴과 옥시토신이라는 호르몬이 엄마의 긴장을 풀어주면서 매우 행복하게 하기 때문이지요.

그런데 얼마 동안이나 모유를 먹이면 좋을지 몰라 고민하는 엄마들이 많습니다. 결론부터 말하자면 모유 수유 기간이 확고하게 정해진 것은 아닙니다. 엄마와 아이의 상태에 따라 무리 없이 가장 적절한 기간 동안 수유하면 됩니다. 특히 분만 후 며칠간 나오는 젖인 초유는 반드시 아이가 먹을 수 있도록 노력하세요. 초유에는 병에 감염되지 않도록 아이를 보호하는 항체가 있을 뿐 아니라 양수냄새와 비슷해서 아이가 출생 후 갑자기 바뀐 환경에 잘 적응하도록 안정감을 줍니다.

그러나 다양한 원인으로 모유 수유가 어려울 수 있습니다. 그럴 때는 최대한 친근한 태도로 아이를 감싸 안고 눈을 바라보면서 수유해보세요. 이것만으로도 충분히 엄마의 역할을 하고 있다고 여겨도 좋습니다. 분유 수유를 하더라도 단순히 젖병을 물린다고 생각하지 말고, 모유를 수유하는 마음으로 아이를 가슴에 바짝 안고 친근하게 말을 걸며 아이의 손가락을 잡아주세요. 아이와 엄마가 하나 된 느낌을 갖도록 하면 됩니다.

아이와 자연스럽게 애착을 형성해요

부모의 사랑을 추구하는 아이의 갈망은 음식에 대한 갈망만큼 절실합니다. 부모의 사랑과 아이의 신뢰를 기초로 아이와 부모 사이에서 만들어진 관계를 '애착'이라고 합니다. 애착은 아이와 주 양육자인 부모 사이에서 정서적·인지적·사회적 상호작용을 통해 만들어지고, 아이와 부모에게 친밀감과 유대감을 줍니다. 이것은 사람이 태어나서 처음으로 경험하는 소중한 감정이지요.

애착은 부모의 육아감각과 가장 밀접한 관련이 있습니다. 육아 상담을 하다 보면 부모들의 육아감각을 관찰할 기회가 많습니다. 그 중에서도 육아감각이 뛰어난 부모는 아이가 보내는 사인을 잘 해석해서 아이가 원하는 반응을 보내줍니다. 그러면 아이는 부모를 더욱 신뢰하게 되면서 애착이 형성되지요. '아~ 엄마 아빠를 믿어도 되겠구나. 나를 안전하게 지켜주고, 내가 필요한 것을 채워주고, 불편한 것을 해결해주겠구나.' 하는 믿음이 생기게 됩니다.

부모가 아이의 발달을 체크하면서 돌봐주는 것도 좋은 방법입니다. 이 과정에서 아이의 신뢰가 더 커지면서 자신을 보살펴준 부모에 대해 관심을 갖게 되지요. 이러한 관심이 커질수록 아이가 부모의 얼굴을 뚫어지게 바라보는 시간이 늘어납니다. 그때 육아감각이 있는 부모는 아이의 변화를 눈치 채고, 아이에게 애정을 표현하면서 정서적 소통을 합니다.

그러나 육아감각이 부족한 부모는 애를 많이 쓰는데도 아이로부터 신뢰와 애정을 충분히 얻기에는 무엇인가 부족한 것을 느끼지요. 이 경우 아이도 부모의 답답한 마음을 느끼고 불안정애착을 형성하게 됩니다. 때문에 아이와 안정적인 애착을 형성하기 위해서는 부모의 육아감각이 필수적이지요.

애착의 발달

대부분의 아이는 태어나면서 일정한 발달단계를 거칩니다. 생후 5개월간은 수유와 안전을 안정적으로 제공받으면서 생리적 애착을 형성합니다. 그런데 애착이 형성되지 않은 아이는 어떤 자극에도 무감각하고 어떤 대상에도 무관심하며 과도하게 경계하거나 흥분하고, 혼란스럽고 산만한 특징을 보입니다.

12개월까지 아이는 감수성이 풍부하여 즐거움을 잘 느낍니다. 부모의 행동과 표정 그리고 음성에 상당히 집중하며 정서적 상호작용에 적극적이지요. 이때 정서적 애착이 잘 형성되면 정서적으로 소통이 잘 되고 조율도 수월해집니다. 반대로 정서적 애착이 잘 형성되지 않으면 눈 맞춤과 접촉을 피하고, 위축되고, 경직되며, 분별없이 다른 사람에게 의존하거나 무분별하게 무언가를 요구하기도 합니다.

생후 9~18개월에는 사회적으로 의미 있는 행동과 감정을 표현하고, 행동과 감정이 점점 더 조직화되어 갑니다. 쉽게 흥밋거리를 찾고 기쁨을 느끼며, 제한을 어느 정도 받아들이는 것이 가능해집니다. 상호작용에서 상당부분 주도권을 차지하고, 충동조절도 보이며, 수치심을 느끼기도 합니다. 이 시기에 행동적 상호작용을 통한 애착이 형성되지 않으면, 수동적인 아이가 되고 위축되며, 기분과 행동이 급격히 변화하고, 무언가를 자꾸 요구하며, 완고하고 반사회적인 행동을 보이기도 합니다.

18~36개월에는 인지와 언어가 발달하면서 자신의 의도와 소망, 속마음을 표현하게 됩니다. 자기 자신에 대한 통찰도 생기기 시작하면서 애착이 형성됩니다. 만약 이 시기에 필요한 발달을 이루지 못하면 아이는 상대방에게 내적 표현이 아닌 단순히 무의미한 설명과 파편적인 말만 재잘거리게 됩니다.

낯가림

애착이 중요한 이유는 낯가림과 분리불안이라는 아이의 행동에서 찾을 수 있습니다. 낯가림은 낯선 사람 그 자체에 대한 반응이 아니고, 아이가 익숙해진 얼굴과 낯선 얼굴 사이에서 느끼는 불일치에 대해 보이는 반응입니다. 아이가 친숙한 사람에 대해 이미지를 형성하게 되면 그 이미지와 다른 사람이 낯설게 느껴져 혼란스러워하고 불안한 반응을 보이게 됩니다.

낯가림은 6~8개월경에 나타나기 시작해서 12개월 전후로 최고조에 달했다가 차차 감소하는데 아이의 기질과 환경에 따라 개인차가 큽니다. 기질이 예민하고, 엄마 아빠 이외에 친숙해진 사람이 없으며, 시각적으로 민감한 경우 낯가림이 심합니다. 물론 낯가림이 전혀 없는 경우도 종종 있는데 아이의 기질이 순해서 그런 경우도 있지만, 친숙한 사람과 낯선 사람에 대한 변별력이 없는 경우에 그렇기도 합니다. 이러한 경우 안정애착을 형성하는 데 어려움을 겪기도 합니다.

만약 아이가 낯가림이 너무 심하다면 대상을 몇몇 정해놓고 일정한 주기로 초대하거나 방문해서 함께하는 시간을 갖도록 해야 합니다. 아이의 낯가림이 너무 심하다고 낯선 자극을 차단하거나 불안정하게 노출하기보다는, 몇 가지 규칙을 가지고 주기적으로 다양하게 낯선 자극에 노출시키는 것이 좋습니다. 그래야 아이의 낯가림이 줄어들면서 새로운 환경에 대한 적응력도 생깁니다. 낯가림이 심한 아이는 사람뿐 아니라 낯선 환경이나 물건에 대해서도 불편하고 불안해할 수 있기 때문에 익숙해질 수 있는 시간과 경험을 제공해주는 것이 필요합니다.

분리불안

낯가림이 낯선 사람에 대한 불안 반응이라면, 분리불안은 친숙한 사람과 분리되는 것에 대한 불안 반응이라고 할 수 있습니다.

분리불안은 9개월경에 시작해서 돌 전후에 가장 심하고 대부분 20~24개월경에 사라지게 됩니다. 분리불안은 불안정애착을 형성했거나 엄마 이외의 아빠, 할머니, 할아버지 등 2, 3차 애착대상이 전혀 없는 경우 더욱 심하고, 최근에 무리하게 엄마와 분리된 경험이 있는 경우에도 나타나게 됩니다.

분리불안을 보이는 경우 무리하게 불안감을 없애려고 하기보다는 이를 인정해주고 충분히 표현할 수 있도록 허용하는 것이 효과적입니다. 동시에 안정감을 찾아갈 수 있도록 아이와의 약속을 잘 지키고, 엄마가 외출할 때는 가는 장소와 돌아오는 시간을 알려주고 반드시 지키는 것이 좋지요.

아이의 안정애착에 부모의 성향이 미치는 영향은 매우 큽니다. 무조건 아이에게 잘해준다고 되는 것은 아닙니다. 아이와 안정애착을 형성하는 부모의 특징을 올바르게 알고 자신은 어떤 특징을 더 많이 가지고 있는지 파악해보세요. 아이가 안정애착을 형성할 수 있도록 부모의 특성을 맞추어가는 것이 현명합니다.

부모의 애착 유형은 어떤가요?

애착이론에 따르면, 어린 시절 애착대상과 맺은 관계를 통해 형성된 내적 작동 모델은 개인이 일생 동안 타인과 맺는 관계의 틀로 작용한다고 합니다. 그런데 이 내적 작동 모델은 변하지 않는 것이 아니라 성인이 되어서 친구, 연인, 선후배 혹은 그 밖의 다른 사람들과 맺는 정서적 유대관계를 통해 수정되고 변화되어 간다고 합니다.

바솔로뮤Batholomew와 호로비츠Horowitz는 어린 시절 형성된 애착관계와 현재의 애착관계가 상호작용하면서 자신과 타인에 대한 표상의 특징에 따라 안정형, 집착형(의존형), 무시형, 두려움형 4가지 유형으로 구분할 수 있다고 했습니다.

이들이 개발한 관계질문지는 자기 자신 및 타인에 대한 내적 작동 모델을 근거로 애착 유형을 구분합니다. '자신은 다른 사람으로부터 사랑받을 만한 가치가 있는 존재인가'에 대한 긍정이나 부정에 따라 자신을 어떻게 보는지 구분할 수 있지요. '타인이 내가 신뢰할 수 있고, 나를 도와줄 수 있는 존재인가'에 대해 긍정이냐 부정이냐에 따라 다른 사람을 어떻게 보는지도 구분할 수 있습니다.

성인애착 유형 모델		
	자기 모델	
	긍정	부정
타인 모델 긍정	안정형 (secure)	집착형 (preoccupied)
타인 모델 부정	무시형 (dismissing)	두려움형 (fearful)

안정형 성인애착 유형(안정애착)

자신은 사랑받을 만한 가치가 있다고 느끼고, 자신에 대해 높은 만족감과 자기 존중감을 가지며, 타인에 대한 신뢰도가 높습니다. 타인에 대한 신뢰감이 높아 타인이 자신을 받아들일 것이라는 기대와 함께 자신을 가치 있게 생각하는 유형입니다. 아이의 안정애착유형과 일치합니다. 성인애착이 안정형인 부모는 자녀를 승인해주고, 격려하며, 애정을 표시하는 등의 애정 행동을 많이 하는 특징이 있습니다.

집착(의존)형 성인애착 유형(불안정애착)

자신은 사랑받을 가치가 없다는 자기 부정적 관점과 타인 긍정적인 관점이 결합되어 있습니다. 이들은 다른 이들로부터 수용을 받음으로써 자기의 가치를 확인합니다. 이들은 자신에게 중요한 타인에게 지나치게 의존하거나 그들을 이상화시킵니다. 자신이 타인에게 받아들여졌을 때에만 자신의 가치를 확인하고 애착대상에 집착하게 됩니다.

이 경우 타인에게 끊임없이 인정을 받고 싶어하며, 과도하게 의존적인 성향을 보이는 것이 특징입니다. 우울하기 쉽고, 분노를 경험하는 빈도가 잦고, 분노가 오래 지속되는 경향이 있지요. 자녀와의 관계에서 부정적으로 반응하기 쉽고, 비일관적인 양육태도를 보이거나, 화를 많이 내면서 강압적인 양육행동을 하는 경향이 있습니다.

무시형 성인애착 유형(불안정애착)

자신은 사랑받을 가치가 있다는 자기 긍정적 관점과 타인 부정적인 관점이 결합된 형태입니다. 독립적이며, 자존감이 높고, 대인관계에서 적대적이고 차가운 편이지요. 타인과 친밀해지는 것을 회피함으로써 타인으로부터 실망하지 않도록 자신을 보호합니다. 타인과의 상호작용을 피하는 경향이 있고, 타인으로부터 자신을 방어하기 위해 부정적 감정을 강하게 표출하게 합니다. 자녀에게 무관심한 편이며, 이 유형의 부모가 우울감이 높을 경우 아이와의 상호작용에서 거부적인 태도와 소원한 행동을 보이는 경향이 있습니다.

두려움형 성인애착 유형(불안정애착)

자신은 사랑받을 가치가 없다는 부정적 자기 관점과 다른 사람은 믿을 수 없고 거부적일 것이라는 부정적 타인 관점의 결합입니다. 다른 사람들로부터 상처받거나 거부될 위험에서 자신을 보호하기 위해 다른 사람과 친밀한 관계를 맺기를 피하지요. 자존감이 낮고 대인관계에서 주장성이 부족합니다. 분노 각성 수준이 높아 분노를 경험하는 빈도가 잦고 강하며, 분노가 오래 지속되며 분노를 억제하려는 경향이 심합니다. 자녀를 임의대로 억압하거나 제지하고, 불안정한 정서적 행동, 인신공격, 심리적 공격 등을 보이기 쉽습니다. 이 유형은 극단적인 불안정성을 보인다는 점에서 유아기의 혼돈 애착 유형과 유사하지요.

▌ 성인애착 4가지 유형을 알아보는 관계질문지(RQ: Relational Questionnaire)

1. 아래의 문항을 읽고 각 문항이 자신과 일치하는 정도에 따라서 문항의 오른쪽에 있는 숫자에 표시하세요.
2. 그 다음 네 가지 문항 중에서 당신을 가장 잘 설명하는 문항 하나를 선택하세요.
3. 선택한 문항에 해당되는 점수가 다른 문항에 대한 점수보다 높거나 동일한 경우 그 문항이 나타내는 성인애착 유형이 해당 성인애착유형입니다.

문항		전혀 아니다		보통이다			매우 그렇다
		1	2	3	4	5	6	7
A	나는 비교적 쉽게 다른 사람들과 정서적으로 가까워지는 편이다. 내가 남들에게 의지하든 남들이 나에게 의지하든 상관없이 편안하게 느낀다. 또한 혼자서 지내거나 남들이 나를 받아들이지 않는다고 걱정하지는 않는다.							
B	나는 남들과 가까워지려면 왠지 편안하지 않다. 물론 어느 정도 정서적으로 가까운 관계를 원하기는 하지만, 남들을 완전히 신뢰하거나 남들에게 전적으로 의지하기가 어렵다. 나는 남들과 가까워지면 내가 상처를 받을까봐 걱정된다.							
C	나는 남들과 정서적으로 완전히 친밀해지기를 원하지만, 남들은 내가 원하는 만큼 가까워지기를 꺼려하는 것 같다. 또 누군가와 친밀한 관계를 맺어야 안심이 된다. 때때로 내가 남들을 소중하게 생각하는 만큼 남들이 나를 소중하게 생각하지 않을까봐 염려스럽다.							
D	나는 가까운 정서적 관계를 맺지 않고 지내는 것이 편안하다. 또한 독립심과 자기 충족감을 느끼는 것이 나에게는 매우 중요하다. 당연히 남들에게 의지하거나 남들이 나에게 의지하는 것을 좋아하지 않는다.							
문항 선택	위의 A, B, C, D 네 가지 문항 중에 당신을 가장 잘 설명하는 것을 하나만 선택하여 주십시오.	(			)			

(A: 안정형 성인애착 유형, B: 두려움형 성인애착 유형, C: 집착형 성인애착 유형, D: 무시형 성인애착 유형)   ＊ 출처 : Bartholomew, K., & Shaver, P. R. (1998)

아이와 안정애착을 형성하는 부모의 특징

...

○ **아이와 안정애착을 형성하기 쉬운 부모의 특징**

- 자신에 대해 알고자 하는 자세를 가진다.
- 자신의 감정과 생각에 대해 고찰한다.
- 타인이 자신을 어떻게 인식하는지에 대해 고찰한다.
- 감정이 자신의 사고에 영향을 미칠 수 있다는 점을 인식한다.
- 무의식적인 부분이 자신에게 영향을 미칠 수 있다는 것을 인식한다.
- 변화의 가능성에 대한 믿음이 있다.
- 타인의 생각과 감정에 대해 관심이 있다.
- 불확실성을 수용한다.
- 다른 사람의 관점에서 생각해본다.

○ **아이와 안정애착을 형성하기 어려운 부모의 특징**

- 허둥대고, 기다리지 못하고, 과잉 반응을 보인다.

- 아이를 진정시키지 못하고 공격한다.
- 과장이 심하고 약속을 자주 까먹으며 눈 맞춤을 잘 못한다.
- 거짓말을 잘하고, 사실을 알아보지 않고 화부터 낸다.
- 금방 싫증을 내고, 지나치게 자신의 욕구와 분노를 숨긴다.
- 음성에 생기가 없고, 표정이 없으며, 감정이 급변한다.
- 사람의 마음을 잘 읽지 못하고, 자신의 요구만 관철시키려 한다.
- 뻔뻔하고, 고립되어 있으며, 의욕이 없다.

PART 3

교감육아로 소중한 기억과 습관 만들기

평생 남을 기억이 자리 잡아요

육아감각이 있는 부모라면 아이의 정서적 성장과 좋은 습관을 만드는 일에 관심을 가져야 합니다. 아이가 성인이 되어서까지 간직하고 갈 정서적 기억과 기본 습관은 모두 어린 시절에 형성되기 때문이지요. 어린 시절에 형성된 좋은 기억과 습관은 남은 삶을 지탱해주는 역할을 합니다. 불현듯 지난 일을 떠올리거나 우연히 음악을 듣다가, 또는 앨범을 들추다 생각나는 아련한 기억은 대부분 감정을 수반합니다. 그것은 슬프고 안타깝거나 두렵고 화나는 감정일 수도 있고, 아름답고 따스하며 기쁘고 행복한 감정일 수도 있습니다. 긍정적 감정이 부정적 감정보다 더 많으면 물론 좋겠지만, 부정적 감정이라도 잘 해석하고 해소해가는 경험도 중요합니다. 이번 장에서는 아이의 정서에 좋은 자극을 주고 올바른 습관을 만드는 부모의 육아감각에 대해 알아봅시다.

아이는 어린 시절을
어떻게 기억할까요?

어린 시절 달고나 만드는 것을 지켜보면서 소다의 위력에 신기해했던 일이 기억납니다. 소다는 바로 내 눈앞에서 설탕의 본질과 크기를 엄청나게 바꾸어놓습니다. 그 위력은 정말 대단합니다. 그런 강한 특성 때문에 소다 자체만으로는 식용으로 사용하지 않고, 다른 물질에도 강한 화학적 반응을 일으키기 때문에 아주 소량만 사용합니다. 소다처럼 아이에게 부정적으로 강력한 영향을 주는 양육 행동이 있습니다. 그런 행동은 아이의 마음에 상처가 될 뿐 아니라, 부모 자신의 심리적 건강에도 어려움을 촉발하게 됩니다.

부모의 육아감각이 아이에게 행복을 선물해요

부모가 양육 과정에서 우울함을 느끼거나 육아가 지나치게 버겁다면 '내가 육아감각이 없는 것은 아닐까?' 하고 고민해볼 필요가 있습니다. 육아가 힘들어질수록 '누구나 육아는 힘들어할 거야.' 하고 체념하거나 '누군가는 수월하게 육아를 하며 아이와 함께 행복한 시간을 만들어가고 있는데 나만 이런 것은 아닐까?' 하며 오락가락할 때도 마찬가지입니다.

실제로 행복한 육아를 하고 있는 부모에게는 육아감각이 분명히 있습니다. 주변을 둘러보세요. 아이의 심리를 읽고 적절히 반응하며 발달을 도와주는 부모들이 있을 것입니다. 그런 경우 육아는 더 이상 고통이 아닙니다. 오히려 육아를 통해 부모와 아이 모두 행복한 기억을 공유하며, 삶을 지탱해가는 힘을 주고받게 되지요. 특히 아이는 어린 시절에 겪은 양육 경험이 평생의 기억으로 자리 잡아 크고 작은 영향을 받게 됩니다. 그래서 육아감각이 있는 부모들은 아이의 어린 시절에 좋은 추억을 만들어주려고 노력합니다.

추억은 사람을 중심으로 형성되기도 하지만 아이를 둘러싼 환경을 기반으로 쌓이기도 합니다. 아이의 기억에 영향을 주는 환경으로는 집, 유치원, 놀이터, 여행지와 같은 공간이 있습니다. 이렇게 아이가 활동하게 되는 다양한 환경에서 좋은 경험이 쌓일 수 있도록 도와주어야 합니다.

또한 부모는 아이의 마음에 상처를 주는 행동으로 너무 나쁜 기억을 갖지 않도록 신경 써야 합니다. 부모로부터 받은 직접적인 상처는 아이의 마음 깊숙이 남아 성인이 되어서도 흔적이 지워지지 않고 아픔으로 남기 때문이지요.

마음에 상처주는 행동을 피해요

아이를 키우다 보면 상처를 주는 잘못된 행동인 줄 알면서도 참지 못하는 경우가 있습니다. 한 번도 그런 적이 없는 부모는 아마 없을 것입니다. 그러나 충분히 그럴 만한 상황에서 부모가 하는 작은 잘못들은 아이도 이해가 되고, 회복할 만한 상처를 남기기 때문에 어느 정도는 용납될 수 있습니다. 그러나 회복이 어려운 상처를 주는 행동은 절대로 하지 말아야 합니다.

아이에게 심각한 상처를 준 행동은 결국 부메랑처럼 돌아와 부모에게도 아픔을 줍니다. 최대한 노력하고 연습하되 힘든 경우에는 주변의 도움을 받으며 스트레스를 조절하는 것이 필요합니다. 부모의 잘못된 양육 행동으로 아이에게 마음의 응어리가 생기지 않도록 조심하세요. 아래에 소개한 것은 부모가 절대로 하지 말아야 하는 양육 행동들입니다.

냉정함

부모의 냉정한 표정, 말, 반응은 아이를 병들게 합니다. 마음의 병뿐 아니라 몸의 병도 유발하지요. 아이들은 사랑을 먹고 사는데 사랑을 받기는커녕 냉정함을 느끼며 살아야 할 때 아이들은 긴장하고 주눅들면서 엉뚱하고 이상한 행동을 하게 됩니다.

부모의 냉정함이 오래 지속되거나 애정 표현에 일관성이 없어도 아이는 마음의 병이 들게 됩니다. 이것은 뇌에도 영향을 주어 인지 발달에 문제를 일으킬 수 있습니다. 아이는 부모에게서 받은 상처 때문에 사람을 무섭게 여기기 시작합니다. 사람에 대한 이미지가 부정적으로 형성되어 사회성 발달에 이상이 생기고 정서 문제가 생길 수 있으니 주의하세요.

무반응

부모의 무반응은 아이에게도 똑같은 무반응을 유발하거나 반대로 과도한 요구로 나타나게 됩니다. 부모와 아이 사이에 마음을 주고받는 것이 제대로 되지 않으면서 부모 자녀 관계가 정상적으로 이루어지지 않게 되지요. 이렇게 되면 부모는 아이를 '말을 전혀 안 듣는 아이'나 '징징대면서 요구가 끝이 없는 아이'로 여기기 시작합니다. 문제는 부모로부터 시작되었지만 결과는 아이의 행동에서 나타나게 되는 것이지요.

오랜 기간 부모의 무반응에 노출된 아이는 효율적으로 의견을 주고받거나 자신의 요구를 적절하게 제시하면서 상대방이 보내는 사인에 정상적으로 반응하기가 어려워집니다. 엉뚱한 방법으로 상대방의 반응을 이끌어 내거나, 타인에 대해 무관심하고 무반응하는 것에 익숙해집니다. 이렇게 자란 아이는 자신의 말만 하고 타인의 말을 듣지 않거나 제대로 알아듣지 못해서 소통에 어려움이 생기게 됩니다.

밀어냄

겉으로 나타내지는 않지만 마음으로 아이를 밀어내거나, 부모에게 다가오는 아이에게 '저리 가, 여길 오면 어떻게 해? 오지 말라고 했잖아.'라고 말하면 아이가 어떤 마음을 경험하게 될까요? 자신에게 가장 소중한 부모에게서 밀어냄을 당한 것이 상처가 됩니다. 아이는 '나를 싫어하는구나.' 혹은 '나는 괜찮은 아이가 아니구나.' 하는 마음을 갖게 됩니다. 그렇게 상처받은 아이는 점차 자신감이 떨어지고 타인에 대한 확신이 없어져서 친구들 모임에 참여하기가 어려워집니다. 나아가 불안정애착을 형성하면서 부모에 대한 저항이나 회피가 심해지게 됩니다.

다그침

부모가 기대한 만큼 아이가 잘하지 못하거나 행동이 느릴 때, 혹은 아이가 잘못한 것을 인정하게 하려는 목적에서 아이를 다그치는 경우가 많습니다. 문제는 이러한 세 가지 특징을 보이는 아이들은 부모가 아무리 다그쳐도 절대로 빨리 행동할 수 없는 아이들이라는 점입니다. 그렇기 때문에 다그침을 당하면 더 느려지고, 더 못하게 되고, 무서워서 자신의 잘못도 인정하기 힘들어집니다.

몰아세우듯이 다그치면 아이는 심장이 곤두박질치고 호르몬의 교란도 유발됩니다. 그러면 순간적으로 급격한 불안감을 느끼면서 2차적인 문제 상황을 만들게 됩니다. 그렇게 상처받은 아이는 불안정하여 실수가 많아지고, 쉽게 포기하고, 심하게 눈치를 보고, 성격이 급해지며, 남의 탓을 하게 됩니다. 순간적으로 답답하더라도 아이를 기다리고 도와주고 격려해주어야 합니다.

단정 지음

아이의 특징을 단정 짓는 것은 아이에게 미치는 영향이 매우 큽니다. 설령 좋은 특징으로 단정 짓는다 하더라도 바람직하지 않습니다. '넌 착한 아이야.' '넌 머리가 좋은 아이야.'라고 이야기하면서 아이의 특징을 한두 가지로 단정 짓는 경우, 아이는 그 말에 맞추어 자신을 통제하거나 자신의 특징에 경계선을 긋게 됩니다. 또한 자신이 갖고 있는 다양한 특징과 단정 지어진 특징이 다르게 나타날 때 혼란을 겪습니다. 심한 경우 잘못된 자아 정체감이 만들어 질 수도 있지요.

더구나 부정적으로 단정 짓는 것은 자기예언적인 특징과 맞물려 더 안 좋은 결과를 만들어냅니다. 부모가 "너는 떼쓰는 아이야."라고 하면 아이는 '나는 떼쓰는 아이구나.'라고 생각하고 그렇게 행동하는 것을 당연하게 여기며 변화하려는 노력을 하지 않게 됩니다. 설사 기질적으로 부모가 생각하는 아이의 특징이 정말 맞다고 하더라고 단정 지어 이야기하면 안 됩니다. 기질이라 할지라도 환경의 영향으로 변화할 수도 있고, 자신을 알아가는 과정에서 스스로 깨닫게 되는 것이 바람직합니다.

비난

부모가 비난을 통해 얻을 수 있는 것은 아무것도 없습니다. 비난 받은 아이가 행동을 수정하거나, 부모의 말을 더 잘 듣거나, 반성을 하거나 하는 어떤 성과도 없습니다. 오히려 아이에게 수치심과 분노감, 좌절감을 느끼게 합니다. 이러한 감정은 훗날 청소년기 이후 아이가 실패나 상처를 경험할 때 아주 나쁜 영향을 미치게 됩니다. 자신이 받았던 비난이 주마등처럼 떠오르면서 스스로 쓸모없고, 능력 없고, 가능성도 없고, 좋아해주는 사람조차 없다고 판단해 옳지 못한 결정을 내릴 수도 있습니다.

　물론 아이를 키우다 보면 비난을 전혀 안 할 수는 없습니다. 이는 부모도 비난을 받으면서 자랐기 때문입니다. 게다가 아이를 비난하려고 마음먹은 부모는 없습니다. 그러나 부모 자신도 순간적으로 통제할 수 없는 화와 답답한 감정 때문에 실수하게 됩니다. 한두 번 할 때는 아이에게 미안해서 다시는 그러지 말아야지 마음먹지만, 습관이 되면 "다 너 때문이야. 네가 엄마를 이렇게 만들었어."라고 말하게 됩니다. 그러면 아이는 모든 것이 자신의 잘못이라고 생각해 죄책감, 무능함을 느끼고 존재감을 상실하게 되지요.

　그런데 아이에 대한 부모의 냉정한 태도, 무반응은 부모의 공감 능력, 표현 능력 부족에서 유래하는 것일 수 있습니다. 아이를 몰아세우거나 비난하는 것 또한 마찬가지죠. 그렇다면 부모로서 부족한 육아감각을 키우기 위한 노력의 하나로, 어렵더라도 매일 매일 아이의 사랑스러운 점을 한 가지씩 발견하려고 노력해보세요. 매일 아이에게 "엄마 아빠는 네가 있는 그 자체로 행복해." "오늘도 어려운 하루였지만, 네가 있어서 잘 이겨낼 수 있었단다." "너는 엄마 아빠에게 보석 같은 존재야."라고 이야기해주세요. 아이는 청소년기를 지나 성인이 되어서도 그 말을 기억할 것이고, 결정적인 순간 그 말은 아이의 삶에 빛이 되어줄 것입니다.

긍정적 정서 경험은 반드시 필요해요

영유아기 아이에게 긍정적 정서의 경험은 선택이 아니라 생존을 위한 필수 경험입니다. 잘 먹이고 잘 씻기고 의료적으로 잘 치료해주어도, 사랑과 행복의 경험이 없으면 아이는 생존의 위험에 빠질 수도 있습니다. 이 시기에 경험한 사랑과 행복은 아동에서 성인이 될 때까지 지속됩니다.

부정적인 정서로 인해 스트레스를 받으면 코르티솔이 분비됩니다. 코르티솔은 스트레스에 대항하도록 신체에 필요한 에너지를 공급하지만, 적정량을 넘어서면 혈관이 수축되어 혈압이 급격히 높아질 수 있고 면역력이 떨어지거나 만성 피로가 오기도 합니다. 반대로 사랑을 받아 행복하고 편안하면 옥시토신, 오피오이드, 세로토닌 등이 분비되어 몸과 마음과 생각에 좋은 영향을 줍니다. 이러한 신경전달물질들이 뇌에 미치는 영향은 매우 커서 뇌의 모양을 변형시키기도 합니다. 그렇기 때문에 긍정적 정서의 경험은 질 좋은 삶을 위해서일뿐 아니라 건강한 생존을 위해서도 반드시 필요합니다.

특히 유아기에 몸으로 경험한 긍정적 정서는 오래도록 더욱 깊

고 또렷하게 기억될 수 있습니다. 긍정적 경험을 하면 좋은 기억을 몸과 마음이라는 다른 두 창고에 저장할 수 있습니다. 잘 저장된 긍정적 정서의 경험은 힘들고 외롭고 막막할 때 따스한 난로와 밝은 등대처럼 온기와 빛을 줄 것입니다.

앞에 제시된 긍정적 정서를 경험하게 할 수 있는 신체 행동을 따라 해보세요. 몸으로 마음을 표현함으로써 아이에게 엄마 아빠가 너를 사랑하고, 소중히 여기고, 안전하게 지켜줄 거라는 긍정적 마음을 몸으로 경험하게 해주세요.

아이에게 '집'은 어떤 추억을 선물할까요?

어린 시절에 집에서 경험한 긍정적인 기억은 심리적 힘이 되고, 서정적이고 창의적이며 예술적인 영감을 불러일으키는 단서가 되기도 합니다. 그럼 아이의 건강한 정서적 기억은 집에서 어떻게 만들어질 수 있을까요?

사소한 물건도 평생 기억에 남아요

어린 시절에 접했던 사물과 사건은 시간이 흐르면서 사라지지만, 그 기억과 느낌은 마음에 남아 살아가는 데 큰 영향을 줍니다. 특히 집에서 만들어진 좋은 기억은 아이들에게 이루 말할 수 없는 큰 선물과 같습니다. 따라서 부모는 아이의 정서에 좋은 자극이 될 만한 환경을 만들어주어야 합니다. 집 안에서 아이와 함께 경험해보면 좋을 만한 것들을 소개하려 합니다.

먼저 집에 있는 물건 중에서 훗날 아이의 기억에 남을 만한 물건이 무엇인지 기록해보세요. 그리고 그 물건이 왜 기억에 남을 것 같은지 이유도 간단하게 써보세요. 차근차근 기록하다 보면 부모에게 중요한 물건과 아이가 중요하게 생각하는 물건이 다르다는 것을 발견하게 될 것입니다.

아이가 자라는 동안 아이 입장에서 지내기 좋은 집 안 환경을 만들어주어야 합니다. 대개의 경우 무심코 부모 위주의 환경을 만드는데, 블로그나 SNS에 올라온 사진들처럼 깔끔하고 세련된 집을 꾸미려 하기보다는 아이들 손때가 묻어 있고 가족의 추억이 스며 있는 물건으로 집 안을 채우는 것이 좋습니다. 그래야 아이들이 커서 어린 시절의 집을 떠올릴 때 따스하고 편안한 감정을 느낄 수 있습니다. 아이에게 집이 추억의 공간이 되도록 해주는 것은 평생 기억을 긍정적으로 형성하는 데 큰 도움이 됩니다.

마지막으로 호기심과 궁금증이 생길 만한 물건을 집에 슬며시 놓아두세요. 아이는 그 물건을 통해 상상의 날개를 펼치게 됩니다. 집이 우주선이 되기도 하고 보물섬이 될 수도 있습니다. 상상할 수 있게 돕는 물건은 아이들의 무의식에 실험실을 만들어주고, 연주실을 만들어주며, 미술실도 만들어줍니다. 스마트폰을 터치하면 수많은 정보들이 쏟아져 나오듯이, 집 안의 다양한 물건들이 아이의 호기심을 자극하여 내면에 잠재된 상상력이 팝콘 터지듯 터져 나올 것입니다.

●

놀이터이자 안식처를 만들어주세요

아이들에게 집은 언제나 놀이터가 되어야 합니다. 집에서 가족들과 재미있고 신나게 놀아볼 수 있게 만들어주세요. 부모, 형제, 집에 놀러 온 친구와 재미있게 놀이를 한 경험, 혼자서 무엇인가에 몰두해서 놀아본 경험들은 집을 신나는 놀이터로 만들어줍니다.

또한 집은 아이들이 마음을 달래고 독립된 자기를 경험하는 은신처가 되기도 합니다. 속상해서 집 안 어딘가에 몰래 숨어 있다 잠든 경험, 아무에게도 들키지 않으려고 숨었으나 아무도 찾아주지 않아 울어버린 경험, 장롱 속이나 실내 텐트에 숨어 혼자 중얼거리던 경험 등은 아이가 겪어보면 좋을 것들입니다. 그 과정에서 스스로를 달래고 독립된 자아를 경험해보는 곳, 그런 곳이 바로 아이에게 필요한 집입니다.

어른에게도 마찬가지지만 집은 언제나 위로와 평안을 주는 안식처가 되어야 합니다. 몸이 아플 때 편안히 누울 수 있고, 속상할 때 속 시원히 울 수 있는 공간이 바로 집이기 때문입니다. 아이는 집에서 부모의 보살핌을 받으며 세상에서 가장 따스한 안식을 경험하기도 합니다. 아무리 어려운 일도 해결될 것만 같은 기분을 느낄 수 있지요. 아이가 자라서 세상에 나가 힘든 경험을 할 때 안식처였던 집과 함께 따스한 아빠의 손길, 엄마가 해준 간식을 떠올릴 수 있다면 심리적 허기가 채워질 것입니다.

은신처가 되는 집 꾸미기

부모와 아이가 함께 노래해요

"나비야, 나비야, 이리 날아오너라."
"반짝반짝 작은 별 아름답게 비추네."
"퐁당퐁당 돌을 던지자."
"울퉁불퉁 멋진 몸매에 빨간 옷을 입고."

신기하게도 이 가사들은 글자로 읽기만 해도 자동적으로 멜로디가 흘러나옵니다. 흥얼대다 보니 고개도 까닥까닥 흔들어지고, 얼굴이 환해지며 입술 근육이 치켜 올라갑니다. '이왕이면 더' 하는 마음에 신나는 노래의 볼륨을 높이면 춤까지 추게 됩니다. "와, 좋다! 신난다." 하면서 말이지요.

단지 노래 가사를 읽었을 뿐인데 몸이 움직이고, 감정이 변하고, 새로운 행동까지 하게 되는 것, 음악은 그런 힘이 있습니다. 음악은 삶에 '나비 효과'를 가져오고 '행동 유도 효과'를 만들어냅니다. 특히 감정에 대해서는 더욱 그렇습니다. 감정을 극대화시키거나 마음을 녹여 표현하게 하기도 하고 반대로 절제하게 하기도 합니다.

음악은 감정과 결합하여 어떤 순간의 느낌을 되살리는 힘이 있습니다. 그래서 그 음악을 들으면 그 사람이 생각나고, 슬펐거나 행복했거나 신났던 감정이 가슴 깊은 곳에서 쑤욱 올라와 그 당시로 순간이동하기도 합니다. 그렇게 떠오른 행복했던 기억은 현재의 고통을 이기게 하고 삶에 새로운 의미를 만들어주지요. 이렇게 감정을 통해 삶의 양식이 된 음악은 훗날 아이에게 큰 위로와 에너지가 됩니다.

특히 부모가 아이와 함께 노래하고, 악기를 연주하고, 흥얼대면서 리듬을 타는 모습은 아이의 감정의 뇌에 고스란히 저장됩니다. 부모를 통해 만들어진 분위기, 감정, 이벤트, 사건, 음악이 순간적으로 통합되어 아이의 고유한 감성을 자극함으로써 장기기억 저장소에 자동적으로 전달되는 것입니다. 그리고 그 감동의 기억은 아이만의 고유한 스토리가 됩니다. 예를 들어 아이의 어린 시절 아빠가 힘들 때 흥얼거렸던 존 레논의 〈imagine〉은, 훗날 아이가 어른이 되어 힘든 일을 만났을 때 기억 속에서 되살아나 위로를 주는 노래가 되는 것입니다.

그래서 엄마 아빠는 노래를 불러야 합니다. 기쁠 때는 기뻐서, 슬플 때는 슬퍼서, 행복할 때는 행복해서, 생일은 생일이어서, 크리스마스는 크리스마스이기에 노래를 부르는 것입니다. 그래야 아이도 노래를 부르게 됩니다. 감각 자극을 잘 기억하는 영유아기 아이와 공감하며 함께 노래를 부르며 아이의 행복 능력을 쑥쑥 키워주는 육아 감각이 필요합니다. 훗날 노래는 리듬으로, 가사로, 이미지로 아이의 마음을 어루만지고 회복시켜줄 것입니다. 아이에게 음악과 소소한 이벤트의 하모니를 경험하도록 해주세요.

음악으로 일상을 풍요롭게 만들기 위한 방법이 하나 있습니다. 먼저 아이들이 살면서 느끼게 될 수많은 감정 중에서 'Top10의 감정'을 설정해보세요. 그리고 그 감정을 표현해주고, 채워주고, 승화시켜줄 수 있는 곡을 골라보세요. 아이가 부를 노래와 엄마 아빠가 부를 노래를 고르고 엄마 아빠가 먼저 마음으로 노래를 불러보세요. 아이에게는 노래를 가르치려고 하기보다는 감동하거나 신이 나서 저절로 따라하게 하세요. 자연스럽게 온 가족이 함께 노래를 부르게 될 거예요. 영유아기 아이들이 가장 즐겁게 할 수 있는 노래는 부모와 함께 하는 노래라는 것을 기억하세요. 이 시기에 부모가 부르는 노래는 아이를 웃게 하지만 청소년기에 부모의 노래는 아이를 도망가게 한다는 점도 함께 알아두면 좋습니다.

Top10의 감정과 노래 연결하기

- 신나는 감정을 표현하는 노래 – 〈올챙이 송〉
- 즐거운 감정을 표현하는 노래 – 〈멋쟁이 토마토〉
- 행복한 감정을 표현하는 노래 – 〈작은 별〉
- 평온한 감정을 표현하는 노래 – 〈잘 자라 우리 아가〉
- 경쾌한 감정을 표현하는 노래 – 〈악어 떼〉
- 씩씩한 감정을 표현하는 노래 – 〈아빠 힘내세요〉
- 신비한 감정을 표현하는 노래 – 〈초록바다〉
- 슬픈 감정을 표현하는 노래 – 〈아기 염소〉
- 화나는 감정을 표현하는 노래 – 〈얼굴 찌푸리지 말아요〉
- 인내하는 감정을 표현하는 노래 – 〈네모의 꿈〉

아이는 '놀이터'에서 어떤 추억을 만들어갈까요?

아이에게 정말 안 좋은 것은 추억할 만한 아무런 기억이 없는 것입니다. 어린 시절이 전혀 생각나지 않거나 감정이 수반되지 않은 기억만 있다면, 어른이 되었을 때 본인이 의식하지 못하는 심리적 어려움을 갖고 있을 가능성이 높습니다. 아이에게 놀이터나 친구의 집이 즐거운 기억의 장소로 남을 수 있도록 만들어주세요.

아이는 놀이터에서 세상을 만나요

어렴풋이 떠오르는 어린 시절 놀이터의 기억에서 우리는 처음으로 세상으로 나아가는 나를 발견할 수 있습니다. 아는 것이라고는 '나에게 엄마와 아빠가 있고 집이 있다는 것'뿐, 아이에게 놀이터는 스스로 개척해야 하는 신세계입니다. 이때 아이의 마음은 흥분과 설렘 그리고 두려움으로 가득 차오릅니다. 놀이터를 하나하나 탐색하며 자신의 방식으로 행동하는 과정을 통해 아이는 점차 즐거움과 자신감을 경험합니다. 때론 넘어져서 아파서 울지만 다시 일어나 걸으며 아픔을 달래기도 합니다. 그렇게 놀이터가 익숙해진 아이는 자꾸 놀이터에 가고 싶어 합니다. 집이 숙명적인 삶의 안식처라면, 놀이터는 스스로 개척해가는 선택적 삶의 터전이고 드넓은 세상이며 친구를 만나는 장소가 됩니다.

놀이터라고 불리는 곳만 놀이터가 되는 것은 아닙니다. 집 밖의 모든 곳이 놀이터가 될 수 있습니다. 때론 위험한 곳을 놀이터로 삼고 싶어 하는 아이들도 있기에, 부모는 아이가 위험하지 않은 곳을 선택하도록 안내해주어야 합니다. 안전한 곳을 찾아 아이가 그곳에서 맘껏 움직이고 탐험하면서 재미를 발견하고, 친구들과 연합할 수 있게 해주세요.

때로는 놀다가 친구와 싸우기도 하고, 엄마 아빠를 찾기도 하고, 무서워서 울기도 합니다. 아이가 놀이터에서 겪는 모든 일은 어른들의 삶의 경험을 축소한 것과 흡사합니다. 놀이터에서 다져진 적응력은 훗날 어른이 되어 삶의 힘든 도전에 맞닥뜨렸을 때 멋지게 대처해나가는 데 분명 큰 힘이 될 것입니다. '젖 먹던 힘까지'라는 말은 영유아기의 모든 경험이 힘 있는 성인이 되는 밑거름이 될 거라는 힌트를 줍니다.

친구의 집에서 추억을 만들어요

놀이터처럼 친구의 집도 재미있고 궁금한 장소 중 하나입니다. '저 집은 어떻게 생겼을까?' '친구네 집에서는 무슨 일이 일어날까?' 하며 들어가고 싶은 마음이 굴뚝만큼 높아지는 곳이지요. 친구의 집 현관문을 열고 들어가면 나의 집과 다른 새로운 세계를 발견하게 됩니다. 똑같은 문을 열고 들어갔는데 다른 풍경이 펼쳐진 것을 보면서 '와! 이건 못 보던 거다. 우리 집과 다르네. 친구네 집은 요술나라 같아.' 하며 가슴이 두근거리기도 합니다.

아이는 천천히 친구네 집 분위기를 느끼면서 주의 깊게 하나하나 살펴봅니다. 눈치가 있는 아이는 친구네 집 물건을 만져보기 위해 부모나 친구의 동의를 얻으려고 합니다. 성격이 급한 아이들은 마음대로 물건을 만지다가 혼이 나기도 하지요. 친구네 집에서 함께 놀이를 하다 보면 혼자 놀 때와는 다르다는 것을 경험하게 되고, 놀이에 몰입되면 집에 가기 싫어집니다. 그렇지만 그 집에서 살 수 없다는 것을 알기에 더 놀고 싶은 욕구를 조절해야 합니다.

때로는 친구가 우리 집에 놀러 오면 더 신이 납니다. 내가 잘할 수 있는 것이 많기에 조금은 어깨가 으쓱해지고, 친구에게 내 장난감과 내가 할 수 있는 것을 보여주고 가르쳐줄 수 있어서 아이는 좀 더 주도적인 입장에 놓이게 되지요. 주인이 되거나 손님이 되는 경험은 입장의 차이를 은연중에 익히는 연습이 될 수 있습니다.

  요즘은 아이들이 놀이터를 하나씩 개척해간다거나 친구를 초대하고 친구 집에 놀러 가는 일이 점점 줄어들고 있습니다. 그만큼 아이들이 놓치는 것이 많아집니다. 그 무엇으로도 대신할 수 없는 '놀이터'와 '친구 집'에서의 경험을 어떻게 만들어가면 좋을지 부모들의 고민이 필요합니다. 이것은 아이의 행복한 삶의 기반을 위한 고민입니다. 부모의 따스한 고민이 아름다운 기억을 만들어줄 문을 열어주고 그 문을 열고 용감하게 나가는 아이는 세상과 연결될 수 있습니다.

편안하고 행복한 공간으로 만들어요

아이가 집이 아닌 새로운 공간에서 재미있게 잘 놀려면 편안하고 안전하게 뛰어놀 수 있는 여건이 되어야 합니다. 놀이터는 흙, 모래, 나무, 풀이 있는 곳으로, 풀벌레 소리와 새 소리가 들리고 별과달을 볼 수 있어야겠지요. 친구와 어울려 놀 수 있는 정글짐, 트램 펄린, 미끄럼틀, 볼풀과 같은 놀이기구가 있다면 더욱 신나는 추억을 만들 수 있습니다. 또 바닥에 매트가 깔려 있어 안심하고 뒹굴거나 춤을 출 수 있는 곳, 숨바꼭질과 소꿉놀이를 할 수 있는 곳도 좋습니다. 놀이터가 아니라면 공원이나 체육관, 숲 속, 마당, 모래밭은 물론이고 할아버지, 할머니 집도 좋습니다. 아이가 행복하게 놀 수 있는 곳을 놀이터로 만드는 것이 중요합니다.

집에 친구를 초대하거나 친구 집에 놀러 가려면 먼저 부모와 아이 사이에 소통이 되어야 합니다. 그래야 부모의 지시에 따른 알맞은 행동과 욕구 조절이 가능하기 때문이지요. 친구와 놀기 전에 장난감이나 간식을 내 것과 친구의 것으로 구분하기, 빌려주거나 함께 사용하기 등을 연습해두면 좋습니다. 이러한 교육은 나중에 소유로 인한 갈등이 생겼을 때 아이들을 타이를 수 있는 근거가 되니까요.

아이가 친구를 초대했을 때는 함께 할 놀이 목록을 여유 있게 만들고 놀이하는 방법을 가이드해주세요. 처음 만났을 때는 놀이하는 방법과 규칙을 알려주면서 부모도 함께 놀이에 참여하면 아이들끼리 사이좋게 노는 방법을 터득하게 됩니다.

처음부터 친구의 집에 가거나 친구를 집에 초대하는 게 어색하고 부담스럽다면, 집보다는 놀이터에서 몇 차례 함께 놀게 한 뒤 집으로 초대하는 것도 좋은 방법입니다. 아이들뿐 아니라 부모도 상대방의 특징을 이해하고 서로 맞춰가는 과정이 필요한데 이때 집보다는 놀이터가 편안하지요. 서로 어느 정도 알게 되었을 때 집으로 초대하는 것도 도움이 됩니다.

아이가 친구를 집에 초대하거나 친구 집에 놀러 가는 경우 한 집만 계속 가기보다는 서로 돌아가면서 방문할 수 있도록 해주세요. 어른 손님보다 꼬마 손님이 더 힘들 수 있기 때문에, 어느 한 집에 부담을 주게 되면 점점 만남을 꺼리게 되어 아이들이 친구 집에 놀러 갈 기회를 잃어버리게 됩니다.

무엇보다 아이들이 함께 놀다 보면 싸울 수 있고 부모가 속상할 수도 있다는 점도 받아들여야 합니다. 한두 번 싸우고 속상하다고 해서 친구와의 놀이를 포기하거나 불쾌한 감정을 적나라하게 표현하는 것은 바람직하지 않습니다. 놀다가 싸우는 과정을 거치면서 아이와 부모 모두 서로 기분 나쁘지 않게 감정을 표현하고, 친구의 마음을 받아주고, 감정과 행동을 조절할 수 있게 됩니다.

04 아이에게 '유치원'은 어떤 추억으로 남을까요?

아이가 자라면서 활동 영역이 집을 벗어나 조금씩 넓어집니다. 특히 어린이집과 유치원은 아이에게 가정만큼이나 중요한 새로운 장소이지요. 왜냐하면 이곳에서 친구들도 만나고 선생님도 만나기 때문입니다. 또 가정만큼 긴 시간을 보내는 장소이기도 합니다. 그렇다면 어린이집과 유치원에서는 어떤 추억을 남기는 것이 좋을까요?

행복한 추억의 장소가 되게 해요

사람으로 인한 감정의 기억은 무의식에 큰 영향을 줍니다. 대부분 사람과의 관계에서 우리는 힘을 얻기도 하고 상처를 받기도 하지요. 그런데 잘못된 기억은 바로잡을 수 있지만 그 과정에서 얻은 마음의 상처는 쉽게 사라지지 않습니다. 이것은 어린아이들도 마찬가지입니다. 가장 가깝게 의지하는 부모로 인해 심리적 상처를 받거나 정서적 결핍을 경험하기도 합니다. 그런데 놀랍게도 부모와의 관계에서 경험한 부정적 정서가 때로는 어린이집이나 유치원에서 경험한 긍정적 정서로 인해 회복되기도 합니다. 이 시기에 만나는 선생님 덕분에 아이가 결핍이 충족되고 상처가 회복될 수도 있는 만큼 선생님과의 관계는 매우 중요합니다.

특히 사회적 뇌가 발달하기 시작하는 유아기에 어린이집과 유치원에서 또래와 교사와의 관계를 긍정적으로 형성하는 것은 훗날 아이의 대인관계와 행복에도 매우 중요합니다. 이웃이나 친인척과의 왕래가 많지 않은 아이들일수록 이러한 교육기관이 사회적 관계를 맺을 수 있는 유일한 곳이기 때문입니다. 어린이집과 유치원은 아이들에게 마을이 되고 친척 집이 되고 친구의 집이 될 수 있습니다.

한 아이를 키우는 데에는 마을 전체의 관심과 도움이 필요하다는 말이 있습니다. 하지만 여러 가지 이유로 이러한 교류가 결핍된 부모와 아이들에게 어린이집과 유치원은 교육기관 이상의 의미를 갖습니다. 그렇기 때문에 아이가 교육기관에서 잘 지내고 선생님과 좋은 관계를 맺으면서 좋은 기억을 만들어가도록 돕는 것은 매우 중요합니다. 관계 중심의 감성적인 아이라면 더욱 그렇습니다.

선생님과의 관계뿐 아니라 어린이집과 유치원의 환경도 중요합니다. 아이들은 다양한 활동을 하면서 자신들이 보고 느낀 환경에 이미지와 에피소드를 입혀 감정의 기억 공간에 저장하기 때문입니다. 엄마의 자궁에서 지내다가 세상에 나올 때 경험했던 낯설음과 경이로움에 못지않게 어린이집이나 유치원에서 지내는 것이 처음에는 낯설거나 신기하고 불편하기도 합니다. 하지만 시간이 지나면서 어떤 어린이집, 유치원에서 어떻게 지내느냐에 따라 아이마다 느끼는 것이 달라집니다. 아이가 어린이집이나 유치원을 새롭고 신기하고 편안하고 재미있는 곳으로 느낀다면 훗날 다시 찾아보고 싶은 장소로 기억할 것입니다. 반대로 낯설고 지루하고 불편하고 무서운 곳으로 느낀다면 기억에 남기고 싶지 않은 장소가 되어 좋은 추억을 갖지 못하게 됩니다.

    어린이집과 유치원을 통해 한 아이가 세상에 적응하는 과정에서 함께 손잡아주고, 지켜봐주고, 발맞추어주는 긍정적인 보살핌을 받았던 기억을 만들어주어야 합니다. 훗날 아이가 어린 시절을 보냈던 공간에 대한 기억이 없거나 찾아가고 싶은 곳이 없으며, 기억나는 공간이 있더라도 아무런 느낌이 없다면, 아이는 무미건조한 감정으로 살아갈 수 있을 것입니다. 아이가 오랜 시간 머무는 장소에서 좋은 정서적 기억으로 남을 따스한 경험을 만들어주는 것이 반드시 필요합니다.

선생님과의 관계는 평생 기억돼요

미국 캘리포니아대학교 심리학과 연구 팀은 실험 참가자 376명에게 인생에서 최고의 순간과 최악의 순간을 꼽도록 했습니다. 실험 참가자들은 멋진 만남과 사랑을 최고의 순간으로 꼽았고, 사랑하는 사람이 죽어 헤어진 일과 사람과의 관계에서 비롯된 시련을 최악의 순간으로 꼽았습니다. 연구 팀은 실험 결과를 다음과 같이 발표했습니다.

"대부분 사람들은 개인의 목표인 일, 취미, 학업 등에 가장 많은 시간을 투자하지만, 사실 인생에서 최고의 순간과 최악의 순간은 모두 사람들과 교감하고 얽히면서 느끼게 되는 감정에서 비롯된다."

이처럼 사람과 사람이 만나는 일은 아주 중요합니다. 아이에게 선생님을 만나는 일은 친구를 만나는 것만큼 소중한 일이 됩니다. 그렇기 때문에 만약 아이가 선생님을 대하는 것에 어려움을 느낀다면 집에서 몇 가지 방법으로 어려움을 해결해줄 수 있어요.

먼저 선생님의 얼굴을 편안하게 바라보는 연습을 시켜주는 것이 좋습니다. 그러기 위해서 선생님과 함께 찍은 사진을 집에 걸어놓는 것도 좋은 방법입니다. 아이가 사진을 보며 선생님의 얼굴을 그리도록 해보세요. 그림을 그리며 선생님을 친근하게 느낄 수 있도록 선생님과 함께 했던 일들을 자연스럽게 이야기하도록 도와주세요. 다 그린 그림을 선생님께 선물하는 것도 특별한 이벤트가 될 거예요. 여기에 덧붙여 짧은 시간이라도 아이, 선생님, 엄마가 함께 이야기하는 기회를 만드는 것이 좋습니다. 이렇게 하면 엄마가 선생님과 아이 사이에 중재자가 되어 아이가 선생님께 다가갈 수 있도록 도와줄 수 있습니다. 또한 선생님에 대해 느끼는 긍정적인 감정을 아이가 직접 말할 수 있는 기회가 되기도 합니다.

선생님 얼굴 그려보기

아이와 행사와 모임에 참여하세요

어린 시절 가을 추수 잔치 때면 마을 전체가 흥겨웠습니다. 대부분 사람들에게는 상상이 잘 안 되는 아주 오래된 이야기처럼 들리겠지만, 초보 부모들의 어머니 세대에게는 지금도 선명한 기억으로 남아 있을 것입니다. 요즘은 잔치라는 말을 거의 사용하지 않지만, 잔치를 제대로 경험한 사람은 다른 경험과 구별되는 그 말에 담긴 정서와 의미를 마음 깊이 간직하게 됩니다. 왜냐하면 잔치에는 보이지 않는 의식과 의례가 포함되어 있고, 평소 경험하기 힘든 감정을 경험하며 흥겨움에 일상과는 다르게 행동하기 때문입니다.

의식과 의례가 있는 행사에 참여하는 일은 아이들의 고차원적 감정 발달에 매우 중요한 영향을 미칩니다. 생일, 입학, 졸업, 결혼, 장례와 같은 인생의 중요한 변화의 순간에 치러지는 의식과 의례에 참여하면서 아이들은 평소 경험하지 못했던 감정을 경험하고 감정의 수준이 한 차원 성숙해집니다.

어려서부터 가족 행사나 유치원 행사, 마을 행사에 참여하는 것은 그런 의미에서 매우 중요합니다. 바쁘고 번거로우며 별로 필요하지 않다고 판단하여 가족 행사를 쉽게 없애거나 참여하지 않는 것은 아이들이 숭고하고 벅찬 감정을 느낄 수 있는 기회를 차단하는 일이 됩니다.

고차원적 감정을 경험한 아이들은 세상과 사람, 그리고 삶과 자신을 바라보는 태도와 관점이 달라집니다. 당장 겉으로 드러나지 않더라도 암묵적 기억 속에 남아 진지하고 의미 있는 것을 추구하며 더불어 사는 방법을 배우려고 할 것입니다.

그렇다면 아이는 다양한 행사나 모임을 통해 어떤 감정을 경험하고 성장하게 될까요?

숭고한 기분

어느 정도 격식을 갖춘 행사나 모임에 참여한 아이는 처음에는 낯선 기분을 느낄 수 있습니다. 하지만 이내 엄숙한 분위기에서 숭고함을 느끼게 됩니다. 이런 감정은 아이로 하여금 마음가짐과 몸가짐을 새롭게 하게 합니다. 또한 아이는 행사에 참여한 어른들이 서로 존중하고 최선을 다한다는 것을 알게 됩니다. 행사 현장에서 느끼는 감흥은 아이에게 문학이나 예술로 감정을 표현하고자 하는 욕구를 심어줄 수 있고, 숭고함의 경험은 훗날 힘든 상황에서 견딜 수 있는 힘이 되기도 합니다.

축하와 위로

대부분의 행사나 모임은 자신이나 다른 사람을 축하하거나 위로해주기 위한 것입니다. 아이는 이 시간을 통해서 서로를 위하는 모습에 깊은 감동과 감명을 받게 됩니다. 처음에는 다른 사람을 축하하거나 위로해주는 것이 쑥스럽고 부담스러울 수 있지만, 차츰 익숙해지면서 자연스레 마음의 문이 열리게 됩니다.

이 과정에서 느낀 감동은 사람에 대한 감수성과 문화에 대한 예술성을 발달시켜주고, 다른 사람을 감동시키는 능력을 키워줍니다. 무엇보다 아이가 행사의 주인공일 경우 큰 감명을 받고 공동체에 감사하는 방법을 알아가게 됩니다.

신나는 분위기

잔치나 행사의 현장은 사람들에게 벅찬 감정을 느끼게 하고, 아이들로선 신나게 즐길 수 있는 기회의 장소가 됩니다. 이때 느끼는 감정은 사람을 적극적으로 움직이게 하고, 주변 사람도 덩달아 신이 나지요. 또한 즐거운 분위기에서 스트레스를 풀고 자신을 더욱 긍정적으로 생각하게 만드는 힘을 얻습니다.

아이에게 에피소드가 필요해요

'노스탤지어(향수)'는 현실에 적응하지 못해 과거 특정 시간이나 공간을 그리워하는 현상을 뜻하는 용어로 다소 부정적인 의미를 가지고 있습니다. 그러나 미국 노스다코타 주립대학교 심리학과의 러틀리지 교수는 노스탤지어의 긍정적 기능으로 긍정적 기분, 의미 부여, 관계 형성의 세 가지 심리적 기능을 발견했습니다.

　노스탤지어가 잘 작동하는 사람들은 삶의 태도가 긍정적이며, 자의식이 강할 뿐만 아니라 스트레스 상황을 더 잘 견딘다고 합니다. 마찬가지로 훗날 아이가 과거나 고향이 그리워질 때 떠올릴 수 있는 따스한 에피소드가 있다면, 아이는 이 긍정적인 경험을 통해서 마음의 휴식을 얻게 될 것입니다.

　그렇다면 어떻게 아이에게 노스탤지어를 심어줄 수 있을까요? 우선 어린이집이나 유치원 행사에 적극적으로 참여하고, 친구 및 교사와의 만남을 지속적으로 가지세요. 특별한 것을 하지 않아도 아이는 이 정도의 경험만으로도 안정감을 느끼고 다양한 경험을 받아들이면서 자신만의 정서적 기억을 만들어갈 수 있습니다.

외부 활동으로 이야깃거리 만들기

- 공휴일에 엄마, 아빠와 함께 어린이집이나 유치원에서 가서 사진을 찍으세요.
- 어린이집이나 유치원의 부모 초대 행사에는 가능하면 빠지지 말고 참석하세요.
- 부모 초대 때 만난 가족과 함께 식사하거나 집으로 초대하는 시간을 가지세요.
- 어린이집이나 유치원 친구 중에서 같은 동네에 사는 친구와 정기적으로 만나 노는 시간을 가지세요.
- 어린이집이나 유치원 행사에서 부모님의 봉사와 도움을 필요로 할 때 기꺼이 응해주세요.

아이는 '여행'을 통해 어떤 추억을 남길까요?

아이가 새로운 환경을 접하고 다양한 체험을 하도록 도와주는 가장 좋은 수단은 바로 여행입니다. 여행은 아이뿐 아니라 엄마, 아빠에게도 좋은 추억이 되고 스트레스를 해소하는 돌파구가 됩니다. 하지만 아이와 함께 하는 여행에는 세심하게 챙겨야 할 것들이 많습니다. 아이와 좋은 추억을 남길 수 있는 여행 방법을 알아봅시다.

여행할 때 세 가지를 주의해요

여행과 소풍은 아이들이 평소 느끼지 않던 감정을 경험하는 시간입니다. 여행하는 동안 아이는 순간순간 펼쳐지는 새로운 환경에 반응하면서 자신만의 경험을 만들어내고, 각자의 경험과 경험이 연결되어 여행의 스토리가 만들어집니다. 새로운 환경에서 다양한 활동을 하면서 처음 접하는 세상과 그 안에 있는 자신에 대해 색다른 느낌을 갖게 되지요.

아이들에게 여행이란 반드시 특별한 곳으로 긴 시간 놀러 가는 것을 의미하지 않습니다. 친구네 집에 가는 것도 여행이고, 가까운 공원이나 운동장에 다녀오는 것도 소풍이 될 수 있습니다. 친척 집을 방문하거나 가족 행사에 참여하는 것도 마찬가지입니다. 한번 갔던 곳을 다시 찾아가 시차에 따라 다른 감정을 경험해보는 것도 좋은 여행과 소풍이 됩니다. 아이에게 좀 더 행복한 여행의 추억을 만들어주려면 어떻게 해야 할까요?

여행 규칙 정하기

아이가 여행을 충분히 즐길 수 있도록, 여행하는 동안 아이들의 행동을 과도하게 통제하기보다는 중요한 가이드라인을 미리 설정해주는 것이 좋습니다. 가이드라인 범위 안에서 자유롭게 움직이고 뜻한 대로 시도해보면서 즐거움을 충분히 만끽하도록 해주세요.

여행을 통해서 아이의 감정의 그릇이 크고 깊어질 수 있다는 점을 부모는 기억해야 합니다. 특히 여행이나 소풍 중에 부모가 아이의 감정을 고려하여 제대로 반응해준다면 아이는 자신의 감정 보고를 풍성하고 아름답게 채워갈 것입니다.

아이는 여행을 하면서 평소에 느끼기 어려운 감정을 경험하게 됩니다. 아이에게서 '설렘' '아름다움' '신비함' '신남' '경이로움' '평온함' '두려움' '안타까움' '조급함' '아쉬움'과 같은 감정의 사인을 발견하면 아이의 감정을 그대로 읽어주고 반응해주세요. 육아감각이 잘 개발되어 열린 마음으로 아이를 느끼는 부모라면, 아이가 무엇에 흥미를 느끼는지 정확히 알고 아이가 바라보는 곳을 함께 보면서 아이와 주제를 공유하게 됩니다.

여행의 추억은 즐겁고 좋았던 것뿐만 아니라, 걷기 힘들었거나 더워서 땀을 뻘뻘 흘리고 추워서 오들오들 떨었던 기억마저 새롭게 다가옵니다. 어려움을 견디고 여행을 마쳤을 때 느낀 다양한 감정을 하나하나 들추어보면서 아이는 인생을 좀 더 깊이 생각하게 되지요.

행복한 감정 언어 건네기

어린 시절 부모와 함께 어딘가를 간다는 것은 설렘과 흥분이 오묘하게 어우러져 아이를 정신 못 차리도록 신나게 만드는 일입니다. 얌전한 아이들은 그 기분을 조용히 혼자서 느끼지만, 활동적이고 외향적인 아이는 이리 뛰고 저리 뛰면서 기분을 표현하고 발산합니다. 그 기분이 지나치면 소심한 아이는 새로운 곳에 대한 불안감으로 배가 아프다거나 몸 어딘가가 아프다고 표현하기도 합니다. 활동적이고 외향적인 아이는 '와!' 하면서 흥분된 감정을 행동으로 표현하다 넘어지기도 하고 컵 안의 물을 쏟기도 합니다. 부모는 세심한 육아감각으로 이런 아이들의 표현을 잘 알아차려야 합니다. 그리고 이렇게 이야기해주세요.

"오늘 놀러 가니까 신나고 설레고 흥분되나 보네. 엄마도 너랑 똑같은 마음이야. 흥분하면 때때로 배가 아프기도 하고 실수하기도 한단다. 이리 와 봐, 엄마가 살짝 안아줄게. 아~ 좋다 하고 말해 봐. 편안하고 기분이 좋아질 거야."

그리고 아이를 꼭 안아주세요. 아이의 마음이 가라앉는 게 느껴질 겁니다. 원래 아이들에게 집이 아닌 곳은 모두 흥미롭고 신기한 공간입니다. 친구네 집이 그렇고, 이웃집과 친척 집도 마찬가지입니다. 숲과 바다, 강과 들, 동물과 식물, 눈과 비, 해와 달과 별, 무지개와 구름, 일몰과 일출, 흙과 모래 등 모든 것이 아름답고 신비롭습니다. 더구나 이런 곳에서 엄마, 아빠, 형제, 친구가 함께 시간을 보낸다는 사실이 커다란 만족감을 주고, 놀이를 함께 하면서 이루 말할 수 없는 즐거움을 느낍니다. 여행 중에 이렇게 이야기해보세요.

"해가 넘어가는 모습이 멋있고 신기하지? 엄마도 참 신기해. 그리고 ○○와 함께 보니까 더 멋있게 보이네. 해 옆에 있는 구름은

토끼처럼 생기지 않았니?"

"아빠가 안아줄 테니 높은 곳에서 보렴. 아빠에게 안겨봐. 와! ○○가 많이 컸네. 점점 아빠, 엄마처럼 커지고 있어."

부모의 이와 같은 적절한 반응은 여행으로 들뜬 아이의 감정을 극대화시켜 줄 수 있습니다.

여행의 변수에 대응하기

여행을 하다 뜻하지 않은 일을 만나게 되는 경우가 있습니다. 때로는 계획했던 장소에 가지 못하게 되거나, 오가는 길에 다투거나, 속상한 일이 생기기도 합니다. 이렇게 예상 밖의 경험을 하게 되는 것은 여행의 묘미이기도 합니다. 혹은 즐거운 여행을 하다가 돌아오는 게 아쉬워 쉽게 우울해질 수도 있습니다. 하지만 즐거움도 멈추어야 할 시간이 있다는 것을 아이에게 가르쳐주어야 합니다.

부모의 반응을 통해 아이는 기대와 다른 상황을 받아들이는 방법을 배우고 익힐 수 있습니다. 여행을 통해 느낄 수 있는 실망스럽고 안타까운 감정을 어떻게 풀어갈지 배우는 것 역시 아이에게 매우 중요한 발달 과업이 됩니다. 아이에게 이렇게 말해보세요.

"이런, 어쩌나? 실망스럽게 되었네. 즐겁게 물놀이를 하려고 했는데 날씨 때문에 엉망이 되어버렸어. 어떡하지? 우리 어떻게 할까? 엄마도 속상하네."

"더 놀고 싶지만 가야 할 시간이 되었어. 이럴 땐 ○○가 엄마보다 더 아쉬울 것 같아. 지금 기분이 이렇지?"

그리고 손가락으로 두 눈꼬리를 밑으로 당기며 속상한 표정을 만들어주세요. 완벽하게 해소되지는 않더라도 아이의 감정을 이해해주는 행위 자체가 아이에게 만족감을 줄 수 있습니다. 부모의 적절한 공감의 말이 상황에 대한 실망감을 푸는 열쇠가 될 수 있지요.

아이에게 좋은 기억을 만들어줄
20가지 방법

...

부모가 영유아기 자녀와 다양한 경험을 하는 것은 매우 중요합니다. 가장 나쁜 것은 아무 경험도 하지 않는 것입니다. 무언가를 시도하다가 예상치 않은 일로 화를 내거나 다투기도 하겠지만, 좋은 마음으로 시작한 일이기에 아이에게 시도 자체가 좋은 기억으로 남을 것입니다. 주의할 점은 너무 심하게 화를 내지는 말라는 것입니다.

다음에 제시된 20가지 방법들을 하나씩 실행해보세요. 아이에게 좋은 기억이 차곡차곡 쌓여갈 거랍니다

1. 거실이나 방에 요를 넓게 깔고 몇 시간 뒹굴거리면서 논다.
2. 목욕탕에서 거품 목욕을 하면서 즐거운 시간을 갖는다.
3. 물감으로 손바닥 찍기, 발바닥 찍기 놀이를 한다.
4. 전지를 깔고 신체 본뜨기 놀이를 한다. 누워 있는 아이의 몸 윤곽을 색연필로 그려준다.

5. 묽게 쑨 밀가루 풀을 큰 그릇에 담아 적당한 온도가 되면 아이와 손마사지 놀이를 한다.
6. 샌드위치 만들기, 과자로 집 만들기 놀이를 한다.
7. 비 오는 날 아이를 업고 우산을 쓰고 빗소리를 들으며 산책한다.
8. 눈 오는 날 눈길을 걸으며 발자국 놀이, 눈싸움 놀이를 한다.
9. 무지개가 뜨는 날 이이와 함께 무지개를 구경한다.
10. 봄날 나무에 새순이 돋는 것을 함께 관찰한다.
11. 낙엽이 쌓인 길을 걸으며 소리를 듣는다.
12. 매년 부모와 함께 키를 재고 비교해본다.
13. 날씨 좋은 날 가벼운 마음으로 강이나 낚시터에 가서 낚시한다.
14. 부모가 아이를 가운데 세우고 꼭 안아준다(샌드위치 허그).
15. 귓속말로 '사랑해요.'라고 말해준다.
16. 꼭 필요할 때 난처한 상황에서 아이의 편이 되어준다.
17. 아이의 실수를 용서해주어 용서받는 경험을 하게 한다.
18. 부모가 힘들지만 무엇인가를 해내는 모습을 보여준다.
19. 부모가 아닌 이웃이나 다른 누군가로부터 관심을 받을 기회를 만들어준다.
20. 함께 밤하늘의 별을 본다. '저 별처럼 너도 반짝반짝 빛나는 아이'라는 말도 잊지 않는다.

2

평생 남을 좋은 습관을 키워주어요

2015년 3월 14일 『월스트리트저널』에 실린 기사는 유아기 생활 습관이 얼마나 중요한지를 설명해 줍니다. 미네소타대학의 마티 로스만 교수는 84명 아이들의 성장 과정을 추적하여 분석했는데, 3~4세부터 청소, 심부름과 같은 집안일을 도운 아이들이 가족이나 친구들과의 관계가 좋고 학문적·직업적으로도 성공한 것으로 나타났습니다. 아울러 어려서부터 집안일을 도운 아이들은 집안일을 전혀 하지 않거나, 10대에 집안일을 시작한 경우보다 자기만족도도 높았습니다. 이 습관은 아이들에게 다른 사람이 무엇을 필요로 하는지를 살펴보게 하는 감성 능력을 키워주었고, 숙달감, 통찰력, 책임감, 자신감 등을 갖게 했지요. 아이의 '좋은 습관'의 나비 효과는 매우 큽니다.

좋은 습관을 키우려면 자기조절력이 필요해요

자신을 조절할 수 있는 아이는 때론 받아들이기 싫은 부모의 의견도 적당한 수준에서 받아들일 수 있기 때문에 부모와의 관계가 원활합니다. 또한 어려운 일이 생겼을 때 불평만 하기보다 도움을 요청하거나 어려움을 견디면서 균형감 있게 행동하려고 노력하지요. 반면에 자기조절력이 부족하면 타인을 통제하려 하거나 환경을 탓하기 때문에 부모와 자주 충돌하며 갈등을 빚습니다. 따라서 좋은 습관을 키우려면 부모의 말을 받아들이고 힘든 일도 견딜 수 있게 하는 자기조절력을 키워주어야 합니다.

자기조절력은 무엇일까요?

자기조절력은 아이가 성장하고 적응하는 과정에서 사회가 자신에게 요구하는 것이 무엇이고, 자신이 그것을 잘 이해하고 있는지 알아차리는 지각 능력을 기본으로 합니다. 자율성, 결정 능력, 계획 능력을 통해 계획한 내용을 실행하고, 반성하고, 조절해나가는 능력을 말하지요.

자기조절력에 대한 견해는 다양합니다. 때가 되면 저절로 형성된다고 생각하는 사람이 있는가 하면, 통제 아래 훈련시켜야 한다고 생각하는 사람, 자율적으로 행동하면서 시행착오를 통해 만들어가야 한다고 생각하는 사람도 있습니다. 이렇게 자기조절력에 대한 생각은 다양하지만 모두가 동의하는 한 가지 정의가 있습니다. 자기조절력이란 '변화하는 상황에 따라 자신의 행동을 계획하고 안내하며 모니터링 할 수 있는 능력'이라는 것입니다.

자신의 행동과 감정을 조절할 수 있는 사람은 안정된 생활을 할 수 있는 반면에 스스로 자신을 조절할 수 없다고 생각하는 사람은 자신에 대한 확신이 낮고, 예측할 수 없는 자신의 행동에 대한 불안감이 있습니다. 그러나 자기조절력을 '무조건 참는 것' 또는 '자신을 과도하게 통제하는 것'으로 오해해서는 안 됩니다. 자기조절력을 잘못 알고 아이를 과도하게 통제하면, 자기조절력이 키워지는 것이 아니라 아이의 행동과 정서에 문제가 생기게 됩니다. 그렇기 때문에 아이의 자기조절력에 대해 바르게 이해해야 합니다. 자기조절력은 아이가 안정적으로 살아가는 데 매우 필요한 능력이기 때문이지요. 육아감각이 있는 부모라면 아이의 발달을 잘 이해하고 아이의 수준에 맞는 교감을 하면서 천천히 아이의 자기조절력을 키워주어야 합니다.

자기조절력은 어떻게 발달할까요?

자기조절력은 갑자기 만들어지거나 일정 연령이 되면 저절로 생기는 능력이 아닙니다. 자기조절력과 관련된 발달 흐름을 이해하고 그에 맞는 양육을 해야 제대로 발달시킬 수 있습니다. "시간이 지나면 자연히 변한다고들 하지만 자기 스스로 바꾸지 않으면 아무것도 변하지 않는다."는 앤디 워홀Andy Warhol의 말처럼, 자기조절력 또한 아이 스스로의 노력과 부모의 도움으로 만들어집니다.

행동, 감정, 생각을 조절하는 능력은 자동차의 변속기, 브레이크, 기어와 같습니다. 변속기, 브레이크. 기어가 없는 자동차를 상상해보세요. 멈출 수 없는 자동차가 운전자 자신과 타인에게 매우 위험하듯이, 자기조절이 안 되는 사람도 마찬가지입니다. 따라서 아이와 주변인, 더 나아가 아이를 둘러싼 세상의 안정과 행복을 위해서 자기조절력을 키우는 것은 매우 중요합니다.

자기조절력이 잘 형성되면 사회 정서, 학업 성취, 주의집중력, 친사회적 행동 등도 긍정적으로 발달하게 됩니다. 그러므로 영유아기부터 자기조절력과 관련된 발달이 무엇인지 알아보고 도와주어야 합니다.

생후 3개월

신경생리학적 조절 능력을 발달시키는 시기입니다. 태내와는 다른 환경에서 스스로 먹고 잠자는 과정을 거치며 환경에 맞는 행동 패턴을 만들어가게 됩니다. 이때 부모는 육아 감각을 살려 아이의 울음, 표정, 움직임을 잘 관찰하여 신경생리학적 조절 능력을 키워가도록 도와주어야 합니다.

생후 3~9개월

감각운동적 조절 능력을 발달시키는 시기입니다. 빛과 소리 등의 자극이나 특정한 상황이나 사건에 대한 반응을 점차적으로 조절해갑니다. 빛, 소리, 환경에 적응하도록 적절한 수준의 자극을 주고 그에 익숙해지는 자극과 반응의 연습 시간을 갖는 것이 좋습니다.

생후 12~18개월

통제에 반응하는 능력을 발달시키는 시기입니다. 사회적 요구에 대한 인식과 행동을 시작하여 어떤 행동을 지속하거나 멈추고, 따라 하고, 기억하는 과정을 통해 조절 능력을 만들어가지요. 식사하기, 놀이하기, 따라 하기 등을 할 때 아이 수준에 맞는 통제를 경험하면서 조절력을 키워갈 수 있습니다.

생후 24개월

자기 통제를 통해 조절 능력을 발달시키는 시기입니다. 기다리기, 간단한 지시 수행하기 등 내적으로 자신을 조절하는 연습을 하도록 합니다.

생후 36개월

유혹을 이기고 통제를 받는 상황에서 순응하는 경험을 하면서 내적으로 자기조절력을 발달시킵니다. 이 시기에는 간식의 유혹을 받게 되고, 부모로부터 놀이 시간을 어느 정도 통제받게 되지요. 이때 아이는 유혹을 이겨내고 통제를 견디는 연습을 하면서 자기조절력을 키워나갑니다.

생후 48개월 이후

금지와 명령을 이해하고, 충동적 행동을 억제하면서 자기조절력을 키워가는 시기입니다. 약속을 하고 약속한 대로 실행하는 연습을 하며, 생후 60개월이 되면 만족을 지연하는 과정에서 전략을 사용하고, 유혹에 대해 저항하면서 자기조절력을 형성해갑니다.

아이의 욕구와 감정을 잘 알아야 해요

어린아이는 자신의 욕구와 행동을 조절하는 게 어른보다 어려울 수 있습니다. 하루에 한 개만 먹기로 약속했어도 눈앞에 있는 사탕을 보면 더 먹고 싶어서 달라고 앞뒤 전후 살피지 않고 떼를 부리기도 합니다.. 이럴 때 무턱대고 '안 돼!'라고 하기 보다는 아이의 욕구와 감정을 먼저 읽어주는 것이 좋습니다. 욕구를 알아주고 감정을 공감하면서 아이를 향해 조심조심 다가가면서 조절을 단계적으로 연습시켜주어야 합니다.

아이의 욕구를 건강하게 키워주세요

"배 터지게 먹고 싶다."

"종일 잠만 자면 좋겠다."

"하루 종일 텔레비전만 보면 좋겠다."

"백만장자가 되어 모든 것을 사면 좋겠다."

"영원히 젊으면 좋겠다."

이 말들의 공통된 의미는 무엇일까요? 그것은 무한한 만족을 경험하고 싶은 욕구의 표현일 것입니다. 무한히 만족하고 싶은 욕구는 타고난 것이기보다는 동화, 만화, 영화와 같은 스토리 속에서 만들어진 허상입니다. 완벽한 만족에 대한 막연한 허상이 완전한 이상처럼 각색되어 오해를 불러일으키는 것입니다. 이 말이 나와는 상관이 없는 것처럼 생각될 수 있지만, 잠깐만 생각해보면 곧바로 '아! 맞아'라고 무릎을 치며 공감하게 될 것입니다. 실제로 사람이 한없이 놀고 쓰고 먹고 잠만 잔다면 어떤 상태에 도달하게 될까요? 얼핏 생각만 해도 벌어질 상황이 상상이 될 것입니다. 그 상황이 조금만 길어져도 좋아 보이지 않을 것이고, 좀 더 생삭해보면 끔찍한 일이 벌어질 수도 있습니다.

그런데 부모의 막연한 무한 만족의 욕구는 은연중에 아이에게로 전염됩니다.

"내 아이는 평생 고생을 안 했으면…."

"내 아이는 부족함 없이 살았으면…."

이 같은 부모의 마음은 정말 위험합니다. 그 마음은 아이들에게 '로또에 당첨되어 평생 일 안 하고 힘들지 않게 살았으면' 하는 마음을 불러일으킵니다. 그런 마음을 갖게 되면 마음, 생각, 행동의 조절이 어려워집니다. 잘못된 욕구와 위험한 감정 충족의 목표를 갖게 되면 불편함과 부족함에 더 불만이 생기고 참기가 어려워지면서 조절 브레이크가 고장 나게 됩니다. 조절 훈련이 되지 않은 상태에서 '잘못된 욕구의 액셀'과 '위험한 감정의 액셀'이 작동되면 삶에 커다란 문제가 생기게 됩니다.

그 예로 게임 중독을 들 수 있습니다. 게임 중독은 조절 브레이크가 고장 난 예라고 할 수 있습니다. 어떤 방법으로든 이기고 싶다는 승부 욕심과 쾌락이라는 감정욕구가 맞물려 잔인한 게임에 몰입하게 된다면, 아이의 뇌가 균형적으로 발달하지 못하게 되어 판단과 조절에 문제가 생기게 됩니다. 이러한 오류는 처음부터 큰 사건에서부터 생기는 것이 아닙니다. 별것 아닌 것 같았던 잘못된 욕구와 애정의 결핍이 그렇게 만들어놓았을 수 있습니다. 그렇기 때문에 아이에게 문제가 생겼을 때 육아감각이 없는 부모는 '왜 그런지 모르겠다.' 혹은 '아이가 갑자기 그런다.'라는 말을 하게 됩니다.

부모는 아이가 '건강한 욕구'를 갖도록 양육하고 교육하는 것이 매우 중요하다는 것을 알아야 합니다. 건강한 욕구를 성숙시키지 않고 조절력을 키운다는 것은 진정한 의미의 조절력 훈련이 아닙니다. 그럼 건강한 욕구는 어떤 것일까요? 그것을 구분하기에 좋은 척도는 바로 시간입니다. 내가 충족하고자 하는 욕구를 아주 오랜 기간 지속하면 어떤 결과가 나올지를 예측하면 됩니다. 10년 동안 그 욕구를 충족시켰을 때 어떤 일이 벌어질지 예측해보세요. 아주 쉽게 답이 나올 거예요. 아울러 건강한 한 사람으로 성장하는 데 필요한 기본적인 가치관, 도덕성도 함께 키워주어야 합니다.

기본욕구가 안전하게 충족되어야 해요

아이가 잘 자라기 위해서는 기본적인 욕구가 충족되어야 합니다. 그건 바로 잘 먹고 잘 자는 것이지요. 물론 배설을 잘하는 것도 빼놓을 수 없습니다. 특히 아이가 아직 어리다면 기본적인 욕구를 충족시켜주는 것이 더욱 중요합니다. 다른 욕구의 결핍은 그 다음에 채워도 문제가 되지 않습니다.

아이에게 가장 중요한 기본적인 습관은 먹고 잠자고 배설하는 것입니다. 이 세 가지 습관이 규칙적이고 안정적으로 형성되어야 그다음 발달이 제대로 이루어지게 되며, 엄마와의 관계도 즐겁게 만들어갈 수 있습니다. 그럼에도 불구하고 어떤 아이는 이 세 가지 습관을 안정적으로 만들어가는 것이 무척 어려울 수 있습니다. 기본 원칙에 따라서 아이를 돌보는데도 말이지요.

　이러한 증상을 보이는 데는 다양한 이유가 있을 수 있는데, 아이의 신체적 특징 때문일 수도 있고, 먹고 자고 배설하는 데 있어 안 좋은 경험을 했거나 심리적으로 불편한 것이 있을 수 있으며, 환경적인 영향 때문일 수도 있습니다. 말을 못하는 아이에게 먹고 잠자는 것이 힘든 이유를 물어볼 수도 없고, 온종일 아이와 지내는 엄마는 물론이고 전문가라고 해도 그 원인을 정확하게 찾기란 쉽지 않습니다. 그렇기 때문에 하나하나 조심스럽게 체크해보고, 조바심 내지 말고 안정적인 방법을 일관성 있게 적용해가는 과정이 필요합니다.

●

엄마도 아이도 편안하게 먹어야 해요

수유와 식습관 관찰일지 쓰기

수유 때부터 먹이기가 몹시 힘든 아이가 있습니다. 수유하려고 하면 자지러지게 울고, 젖을 물지 않거나 물어도 아주 짧게 물었다가 멈추어서 거의 먹지 않는 것처럼 보이기도 합니다. 좀 더 커서 이유식이나 밥을 먹이려면 전쟁을 치러야 하고, 많은 시간과 노력을 쏟으며 먹여도 먹는 양이 아주 적은 아이도 있습니다.

먹긴 먹는데 새 모이만큼 먹어서 발육이 더뎌지고, 발육이 늦어지는 것은 보는 엄마 입장에서 큰 걱정을 하지 않을 수 없습니다. 먹는 것은 생명과 직결되기에 아이가 잘 먹지 않는 경우 엄마는 정말 불안해질 수밖에 없습니다. 이런 경우 좀 힘들더라도 일주일 정도 수유·식사 일지를 써보세요. 특별한 노력을 하지 않은 자연스런 상태에서 아이가 보이는 수유나 식습관을 일주일 정도 기록하는 것입니다.

기록을 하면서 어떤 경우에 그나마 잘 먹는지 알아내고, 유난히 안 먹는 때는 언제인지 찾아내도록 하세요. 무조건 더 먹이려고 하다 보면 오히려 더 안 먹게 되는 부작용이 생깁니다. 아이에게 모유, 분유, 이유식, 밥을 먹이는 데에도 아이와 부모 간에 교감이 잘 이루어져야 하고, 그렇게 되려면 먹는 것과 관련해 아이의 특징을 잘 이해할 필요가 있습니다.

일주일 동안 마음을 편안하게 먹고 관찰한 뒤, 그나마 잘 먹는 조건을 찾아서 만들어주고 규칙적으로 수유하거나 식사를 하게끔 합니다. 이때 주의할 점은, 가령 3시간마다 수유하기로 계획했더라도 30~60분 정도의 차이는 감안하는 융통성을 가져야 합니다. 시간에 너무 얽매이다 보면 엄마가 예민해지고, 엄마가 예민해지면 아이에게 수유하거나 이유식이나 밥을 먹일 때 긴장하거나 화난 얼굴을 하게 되지요. 그런 분위기는 아이를 심리적으로 불편하게 만듭니다. 아이는 엄마의 표정을 보면서 자동적으로 엄마와 동일한 감정이 활성화되기 때문입니다. 엄마는 이러한 아이의 반응을 예상하고, 표정과 행동을 조심해야 합니다.

운동량을 늘리고 집중력 키우기

먹는 시간과 양을 안정적으로 한 다음에는 운동량을 늘리는 단계에 들어가야 합니다. 배고픔을 느낄 수 있을 정도의 충분한 운동량이 필요합니다. 아이의 움직임이 많더라도 작은 움직임이 슬슬 일어나는 정도라면 에너지 소모가 크지 않아 배가 쉽게 고파지지 않습니다. 아이와 함께 연령에 맞는 대근육 운동을 강도 높게 집중적으로 하루 30분씩 2~3회 정도 하는 것이 도움이 됩니다. 엄마와 아이가 대근육 운동을 함께 하면 운동량을 늘일 뿐 아니라, 서로 호흡을 더 잘 맞추게 되어 친밀하고 즐거운 경험을 나눌 수 있습니다. 이런 시간이 쌓이면 관계가 좋아지면서 아이는 엄마의 말을 잘 수용하게 되고, 점차 엄마가 주는 밥을 더 잘 먹게 됩니다.

놓치기 쉬운 사실 중에 하나는 두뇌 활동 역시 에너지 소모가 많다는 점입니다. 열심히 공부하고 난 뒤에 먹을 것을 찾았던 경험이 있을 것입니다. 아이가 장난감을 가지고 몰두해서 놀 수 있는 환경을 만들어주세요. 이때 엄마가 성급하게 자주 개입하기보다는 아이 스스로 놀이를 이어갈 수 있도록 놀이 사이사이 공백에 추임새처럼 호흡을 맞추어준다면 아이가 놀이에 더욱 집중할 수 있습니다. 결과적으로 놀이에 몰두하는 것은 에너지 소모를 늘릴 뿐 아니라 집중력도 덤으로 높여주지요.

아기의 속도에 맞추어 좋은 식사습관 만들기

집중력은 아이의 식습관과 관련이 많습니다. 집중력이 낮은 아이는 차분히 앉아서 먹는 것이 어렵고, 왔다 갔다 하고 이것저것에 시선을 뺏기게 됩니다. 집중력은 아이에게만 필요한 것이 아니라 부모에게도 필요합니다. 아이에게 밥을 먹일 때 산만하게 먹이면 아이가 먹는 것에 집중할 수 없고, 좋은 식사 습관을 갖기 힘듭니다. 그렇게 되면 식사시간마다 부모와 아이 사이에 문제를 유발하기 쉽습니다. 바람직한 방법은 차분히 아이의 속도에 맞추어 먹이되 약 30분 이내에 식사를 마치도록 이끌어주어야 합니다. 다 먹지 못했어도 잘 안 먹었다고 다그치거나, 더 먹이려고 너무 많은 자극을 주기보다는 천천히 아이의 속도에 맞추어 나가세요. 다 먹지 못했어도 식사시간이 30분 이상 되는 것은 좋지 않습니다.

아이의 좋은 식습관을 위해서는 부모가 편안한 마음으로 먹이는 것이 아주 중요합니다. 부모가 불안하고 화가 나면 표정이나 말과 행동에 그 감정이 나타나서 아이에게 전달됩니다. 그렇게 되면 아이는 부모의 시선을 피하고, 수저를 내밀어도 외면하고, 입을 꽉 다물고 고개를 돌리게 됩니다. 이때 마음이 조급해져서 아이 입에 억지로 수저를 밀어 넣는 경우가 있는데, 정말 피해야 할 행동입니다. 강제로 음식을 먹이려 하지 말고, 수저를 아이 입 근처에 대고 아이 스스로 입을 벌려 먹게 해야 합니다. 그러기 위해서는 아이가 편하게 먹을 수 있는 상황을 만들어주어야 합니다. 혹시라도 엄마가 속상하고 화나고 불안한 마음을 감당하기 힘들 때는 전문가의 도움을 받는 것이 좋습니다.

아울러 부모가 느끼기에 아이에게 신체적이든 심리적이든 무엇인가 어려움이 있다고 판단되면 가능하면 빨리 전문가의 도움을 구하세요. 도움이 필요한 적절한 시기를 놓치지 말고 아이의 어려움을 해소시켜주어야 합니다. 아이의 특징을 잘 이해해서 나쁜 식사습관이 몸에 배기 전에 도움을 받는다면 조금은 더 빨리 식사 문제에서 자유로워질 거예요.

생후 1년의 수면습관이 중요해요

아이의 수면 습관 요인 알아보기

수면은 잠자는 시간뿐 아니라 아이와 부모의 하루 일정과 컨디션에 많은 영향을 주므로 안정적인 수면 습관은 매우 중요합니다. 아이가 쉽게 잠들지 못하고 잠이 들어서도 자주 깨면 아이도 부모도 정말 힘이 듭니다. 더구나 이런저런 방법을 써 봐도 별로 좋아지지 않고 수면문제가 장기화된다면 아이도 부모도 예민해지고 무기력해질 수 있지요.

아이의 수면 습관을 이해하기 위해 몇 가지 체크할 점이 있습니다. 가장 먼저 임신 중의 엄마의 수면 패턴을 체크해봐야 합니다. 생후 1년의 수면 습관은 아이가 엄마 배 속에 있을 때 엄마의 수면 습관과 유사한 패턴을 보입니다. 엄마가 밤늦게 자거나 잠을 적게 자고 깊이 자지 못한 경우, 아이도 늦게 자고 적게 자고 깊이 못 자는 특징을 보일 확률이 상당히 높습니다. 또한 태내기 동안 소리에 적절하게 노출되어야 하는데, 태내기 환경이 너무 조용해서 다양한 소리를 경험하지 못했던 경우 아이는 작은 소리에도 놀라서 깨게 됩니다.

이렇듯 아이는 태내기 수면 경험과 환경의 영향을 받기 때문에, 그것을 제대로 아는 것은 아이의 수면 특징을 이해하는 데 많은 도움이 됩니다. '아, 그래서 그렇구나. 임신 기간 중의 수면 습관이 지금 아이의 수면 패턴과 같구나.' 하고 이해만 되어도 엄마는 심리적으로 한결 덜 힘들게 느낄 수 있지요. 생후 1년 이후의 수면 습관 또한 그 이전에 형성된 수면 습관의 연장인 경우가 많습니다. 그렇기 때문에 여러모로 생후 1년간의 수면 습관은 매우 중요합니다.

때로는 기질적, 생물학적인 원인으로 수면 장애가 있는 것은 아닌지 체크해봐야 합니다. 이때는 최고의 수면 습관을 만들려고 하기보다는 최선의 수면 습관을 갖도록 노력하는 것이 현명합니다. 지금 상태에서 조금만 호전되어도 좋겠다는 마음가짐이 필요합니다. 물론 이런 경우에는 엄마 혼자만의 노력으로는 힘듭니다. 엄마의 부족한 잠을 채워줄 수 있는 주변의 도움이 필요하지요.

수면 시간을 정하고 지속적으로 반응해주기

아이의 수면 습관과 관련된 배경 요인을 이해한 뒤에는 좋은 수면 습관을 만들기 위한 효과적인 노력이 필요합니다. 가장 기본적인 것은 아이의 수면 시간을 정하는 것입니다. 9시 전후에 잠드는 것을 목표로 합니다. 어렵겠지만 부모도 이 시간에 함께 잠드는 것이 좋습니다. 그것이 현실적으로 어렵다면 아이가 잠든 후 20~30분 정도 지난 뒤 나와야 합니다. 잠든 것 같아서 조급하게 나오려다 보면 아이가 다시 깨게 되고, 이런 과정을 반복하면 나쁜 수면 습관을 만들게 됩니다.

잠자는 중간에 깨어 조금 칭얼대더라도 곧바로 안아주기보다는 토닥이거나 자세를 바꾸어주고 물이 담긴 젖병을 물려 달래줍니다. 아이 스스로 자신의 몸과 수면을 조절할 기회를 주는 것이지요. 달래도 소용이 없다면 수면등을 켜둔 상태에서 창문을 조금 열고 아이를 안고 가볍게 걷는 단계로 갑니다. 아이가 좋아하는 노래를 허밍으로 불러주는 것도 좋습니다.

아이가 잠에서 깨어 엄마가 감당할 수 없게 소리를 지르고 울 때는 안아주어도 소용이 없는 경우가 대부분입니다. 그때는 잠시 내려놓아 아이가 자유롭게 발버둥 치도록 3~5분 놔두었다가 1~2분 정도 안아주기를 반복합니다. 크게 환경 변화를 주지 않고 이렇게 지속적으로 반응해주면 3주 이내에 좋은 수면 습관이 생기게 됩니다.

그리고 가능하면 오전에는 실외에서 15분 정도 햇빛을 쬐어주고, 오후 3~4시까지는 신나게 놀게 하더라도 그 시간 이후의 과격한 놀이는 피하세요. 잠자기 1~2시간 전에 목욕을 시키고, 목욕 후에는 조용히 책을 읽어주거나 잠들기 좋은 음악을 15분 정도 들려주는 것도 좋습니다. 잠들 때 온 방을 기어 다니는 아이가 있는데, 편안하게 기어 다닐 공간을 마련해주고, 누워 있는 엄마를 넘거나 몸을 만지고 장난을 쳐도 크게 반응하지 말고 조용한 미소로 가볍게 반응해주어야 합니다.

아이가 수면 습관을 만들어가는 과정은 아이가 환경에 적응하면서 자신의 신체를 조절해가는 과정이니까요. 아이도 꽤 많은 노력을 하는 만큼 부모도 잘 협조해주어야 합니다. 그것을 알고 맞추어가는 능력이 바로 아이와 교감을 할 수 있는 부모의 육아감각입니다.

올바른 양육환경이 중요해요

'아이를 올바른 양육 환경 속에서 키우고 싶어요.'라고 이야기하는 부모는 많습니다. 하지만 부모가 생각하는 좋은 집, 많은 장난감, 비싼 육아용품이 올바른 양육 환경을 의미하지는 않아요. 그것보다 더 필요한 것들이 있지요. 그렇다면 어떻게 해야 아이가 잘 자랄 수 있는 올바른 양육 환경을 만들 수 있을까요?

'스스로 생활습관'을 만들어주세요

영유아는 자신이 하는 행동을 통해 자신이 무엇을 하고 있고, 무엇을 할 수 있는 존재인지를 인식해갑니다. 때때로 탁자 위의 과자를 먹은 뒤 "○○가 과자 먹었어."라는 말을 합니다. 자신이 한 행동에 대해 말하기를 좋아하기 때문이지요. 이렇게 "○○가 ○○했어."라고 말하면서 스스로 자신이 '한' 행동을 자신이 '할 수 있는' 행동으로 인식해갑니다.

최근 한 방송 프로그램에서 약 40개월 된 아이에게 스스로 옷을 입는 미션을 주었습니다. 처음에는 못할 것 같고 어려운 것 같아서 시도하지 않으려 했던 아이들이, 용기를 내어 시도하고 어렵게 성공하고 나서 매우 만족하고 자랑스러워하는 것을 볼 수 있었습니다. 옷을 입으면서 단추가 잘 끼워지지 않자 손의 힘을 조절하고 단추 구멍의 위치를 조정하면서 해결해가는 모습이 포착되었지요. 이 과정에서 아이는 자신의 행동을 말로 표현하면서 행동과 마음을 조절해갑니다.

이렇게 아이는 '스스로 생활습관'을 통해 심리적·행동적·감각적 조절 능력을 키워갑니다. 그런데 유아기에 자녀가 할 행동을 부모가 다 해준다면 어떻게 될까요? 아이는 자신이 유능하고 주도적인 존재라는 사실을 깨달을 기회를 박탈당할 뿐 아니라 다양한 조절력을 키우는 훈련의 기회를 놓칠 수 있습니다. 실제로 상담을 하면서 영유아기에 '스스로 생활습관'의 경험이 없는 아이들은 친구 관계나 기관의 적응과정에서 어려움을 더 많이 경험하는 것을 발견합니다.

특히 유아기 행동의 대부분은 불완전하여 실수와 반복의 과정을 거치게 되는데, 이 경험은 훗날 실패를 견디게 하고, 지루한 반복을 견디는 힘을 키워줍니다. 다시 말해 유아기에 행동 수행을

> **아이의 '스스로 생활습관'을 길러주는 부모의 육아감각**
>
> ❶ 아이가 새로운 시도를 하면 개입이나 통제보다 지지와 호응의 눈빛을 보낸다.
> ❷ 완벽하지 않은 행동을 할 때 잘못을 지적하기보다는 스스로 했다는 점을 말해준다.
> ❸ 수건 개기, 수저 놓기 등 간단한 집안일을 맡기고 실천할 수 있도록 격려해준다.
> ❹ 장난감을 정리하라고 지시하기보다는 블록, 인형 등 특정 장난감을 지목해서 정리하게 한다.
> ❺ 하루 일과를 그림과 글로 만들어 아이 스스로 체크하면서 실행하도록 안내한다.
> ❻ 하루 1~3번 아이에게 적절한 심부름을 시킴으로써 지시에 따르는 연습을 하게 한다.
> ❼ 혼자 먹을 수 있게 되면 음식은 아이 스스로 먹게 하고 흘린 음식은 빈 그릇에 담게 한다.

위해 노력하는 과정을 경험하지 않으면 좌절인내력과 끈기를 키우는 데 더 많은 어려움을 겪을 수 있지요.

또한 아이는 자신이 할 행동을 생각만 하고 실행하지 못하는 데서 무기력함을 느낄 수고 있습니다. 이러한 유아의 무기력감은 조급함, 원망, 의존성을 유발하고, 행동 조절과 감정 조절을 어렵게 하며 부모의 합당한 요구에도 저항하게 합니다.

아이가 영유아기를 건강하게 보내고 아동기에 잘 적응하기를 바란다면, 부모는 영유아기부터 아이 스스로 무엇인가 노력할 기회를 제공해야 합니다. 그러지 않으면 작은 일부터 큰일에 이르기까지 모든 것을 부모나 선생님에게 의존하게 되지요. 과도한 의존은 아이뿐 아니라 부모에게도 부정적인 영향을 줍니다. 의존성이 높은 아이의 부모는 아이처럼 일상생활에서 자유롭지 못합니다. 아이가 어디를 가든지 잘할 수 있을지 걱정하게 되고, 아이의 과도한 욕구에 지치게 됩니다.

아이의 행동은
부모의 행동을 비추는 거울이에요

심리학자 깁슨Jameson Jerome Gibson은 '행동 유도성affordance'이라는 개념을 통해 사물이 사람으로 하여금 특정한 행동을 하게끔 유도한다고 설명했습니다. 예를 들어 물이 담긴 주전자와 컵은 주전자의

물을 컵에 따르는 행동을 유도하고, 쓰러져 있는 화분은 세워놓는 행동을 유도한다는 것입니다. 일상생활에서 너무 익숙해서 깨닫지 못하지만, 조금만 생각하면 이러한 사실이 많은 행동에 해당되는 것을 알 수 있습니다.

아이들도 마찬가지입니다. 과자가 있으면 먹게 되고, 공이 있으면 던지거나 굴리거나 발로 차게 되지요. 행동 유도성의 원리를 알고 집 안의 사물을 배치하면 자연스럽게 아이에게 좋은 습관을 만들어줄 수 있고 자기조절력도 키워줄 수 있습니다. 예를 들어 아이가 식탐이 있다면 먹을 것을 눈에 띄지 않는 곳에 놓아서 먹는 행동을 조절하고, 움직임이 적다면 공이나 미끄럼틀, 트램펄린 등을 자연스럽게 배치하여 움직임을 유도할 수 있습니다.

먼저 아이의 눈에 집안 환경이 어떤 모습으로 보이는지 생각해 보세요. 그리고 아이의 눈높이에서 사물을 배치하고, 아이의 행동 습관을 고려해 좋은 행동을 하도록 디자인을 하면 생활 속에서 무의식적으로 좋은 습관을 만들어가게 할 수 있습니다. 현실적으로 스마트폰을 놓는 위치를 생각해보면 충분히 상상할 수 있지요. 바로 옆에 스마트폰을 두는 것과 일정한 장소를 정해놓고 그곳에 두는 것은 행동의 차이를 만들어 냅니다. 텔레비전도 예쁜 천에 예쁜 글씨로 "하루 ○○분 보는 거예요."라고 써서 덮어놓으면 시각적 유혹을 막고 조절력도 키울 수 있습니다.

'아이 앞에서는 냉수도 못 마신다.' '견물생심' '백문이 불여일견' 이 말들을 합쳐놓으면 행동 유도성의 개념과 어느 정도 유사할 것 같습니다. 아이 앞에서 무의식적으로 했던 부모의 행동이 아이의 행동을 유도하고, 집 안의 사물 배치가 아이의 욕구와 동기 및 행동을 좋은 방향으로 유도할 수 있다는 점을 고려하면 아이의 바람직한 행동을 만들어갈 수 있습니다. 이렇게 바람직한 행동이 자연스럽게 나올 수 있는 환경을 만든다면, 힘들이지 않고 좋은 습관과 조절력을 키울 수 있을 것입니다.

다양한 경험으로
아이의 감정을 성장시켜주세요

일상에서 행복을 경험하기

일상에서 행복을 경험하며 자연스럽게 긍정적 정서를 경험하도록 도와주세요. 짜릿하고 무한한 쾌락이 아니라, 따스함, 부드러움, 평온함, 충만함, 뿌듯하고 신기함, 감격스러운 감정을 경험할 기회를 만들어주세요. 이때 정말 중요한 것은 아이의 표정과 마음을 정확히 읽어 반응함으로써 아이가 정서적으로 충만한 순간을 제대로 느끼고 기억할 수 있도록 하는 것입니다. 그 순간이야말로 부모의 육아감각을 충분히 발휘해야 할 순간이지요.

맛있는 음식과 비싼 옷, 좋은 집, 멋진 차와 같은 물질로 만족감을 경험하는 것을 우선순위에 두기보다는, 일상에서 접하는 소소한 물건으로 즐거움을 경험하고 또래와 양보하고 서로 돕는 경험을 하면서 뿌듯함을 느끼게 하는 것이 필요합니다. 이렇게 경험한 건강한 정서는 아이의 삶에 큰 자양분이 됩니다. 물질적 유산은 없어지지만, 건강한 욕구와 정서는 평생 동안 남아 힘든 순간을 이겨낼 힘이 되니까요.

아이는 신나는 신체 놀이를 통해서도 건강한 욕구와 정서를 만들 수 있습니다. 공놀이를 하면서 즐거워하고, 미끄럼틀을 타면서 행복감을 맛보며, 부드럽고 넓은 매트에서 함께 뒹굴며 신나 하고, 욕조에서 거품놀이 하는 재미에 빠진다면,

거품놀이를 하며 교감하기

아이는 진짜 행복한 것이 어떤 건지, 그리고 행복해지는 방법이 무엇인지를 알게 됩니다. 또한 영유아기의 작은 놀이 경험을 통해 성인이 되어서 무엇이 삶의 목표가 되어야 하는지 무의식적으로 알게 해줍니다.

의식이나 의례에 참여하기

어린 시절에 참여한 의식이나 의례 또한 중요합니다. 입학식, 졸업식, 가족 행사와 같은 의례는 사람이 질적으로 한 단계 성장하는 데 매우 중요한 역할을 하기 때문이지요. 의식에 참여하는 사람은 그 의식의 의미를 생각하게 되고, 그 의식에 맞게 행동을 조절하게 됩니다. 반면 의식에 참여해보지 않은 사람은 그 자체가 무엇을 경험하게 하는지 모르고 단지 지루하고 불편하고 못마땅해서 그 과정을 인정하지 않게 됩니다. 큰 행사가 아니더라도 가족 행사, 유치원 행사, 마을 문화 행사 등 의미와 규칙이 있는 과정에 참여하는 것도 좋은 경험입니다.

요즘은 학생이 가족 행사나 기타 행사에 참여하지 않는 것이 자연스러운 상황이 되었습니다. 공부가 그 모든 것을 허용하는 마법적인 힘을 갖게 된 셈인데, 이것은 매우 위험합니다. 그렇게 공부해서 공부를 잘하게 될 수도, 아닐 수도 있겠지만, 현실에 적응하는 능력은 갖지 못하게 되기 때문입니다. 적응 능력이 없는 사람이 공부를 잘 하는 것은 그 자체로 무용지물이 되게 할 확률이 높습니다.

어린 시절부터 짧은 의식에 참여해 그 분위기를 느끼고, 힘들어도 참고, 의식에 참여한 사람들의 모습을 관찰하면서, 아이는 '모두 행복할 수 있는 공동의 선'을 찾게 됩니다. 부모도 마찬가지입니다. 어떤 의식과 의례에 참석하는 것이 시간 낭비만은 아니라는 것을 기억해야 합니다.

작가인 메릴린 보스 서번트Marilyn vos Savant는 "지식을 얻으려면 공부를 해야 하고 지혜를 얻으려면 관찰을 해야 한다."고 말합니다. 부모가 아이에게 자기조절력을 가르치는 것도 중요하지만 아이가 사람의 행동을 관찰하면서 스스로 익혀가도록 하는 것도 절대적으로 필요합니다. 내 자녀를 사랑하는 마음으로 '부모의 건강한 욕구 목록'을 만드는 시간을 가져보세요. 많은 것을 생각하게 될 것입니다.

04 아이의 나쁜 습관을 어떻게 바로잡을까요?

"우리 아이가 나쁜 행동을 해요. 그냥 놔두면 저절로 좋아질까요?" "아이가 나쁜 행동을 하는데 훈육을 해야 하나요? 아직 어리니까 훈육하면 안 되나요?" "언제부터 훈육을 해야 하나요?"라는 질문을 많이 합니다. 아이의 나쁜 습관 때문에 고민하는 부모가 많습니다. 엄밀히 말하면 영유아기는 훈육보다는 아이 눈높이에서 교감하며 아이가 이해할 수 있게 옳고 그름을 설명해주고, 아이가 행동을 조절할 수 있도록 도와주며, 바람직한 행동을 알려주는 것이 맞습니다. 수치심을 느끼게 하거나 위협하거나 방임하는 것은 바람직하지 않습니다. 나쁜 습관을 고치고 좋은 습관을 갖도록 안내해주어야 합니다.

갑자기 문제행동을 시작해요

사실 아이가 아프지 않고, 잘 먹고, 잘 자고, 잘 누고, 떼쓰지 않으면 육아는 할 만합니다. 정신없이 바쁘고 몸은 힘들어도, 하루가 다르게 커가고 방긋방긋 잘 웃어주는 아이를 보면 보람되고 행복해집니다. 그런데 육아는 부모의 기대와는 다르게 전개되는 경우가 꽤 많습니다. 어떤 아이는 키우기 힘든 모든 것을 가지고 있는가 하면, 어떤 아이는 다 좋은데 단 한 가지 힘든 점이 부모의 마음을 어렵게 할 수 있습니다. 그래서 부모는 울고 싶을 정도로 힘들고, 아이를 잘 키우고 싶었는데 그러지 못하는 상황이 답답하고 속상해서 누구라도 붙잡고 하소연 하고 싶어집니다.

하지만 아이가 보이는 문제 행동의 원인은 다 다르고, 때론 뜻밖의 것이 원인이거나 해결하기 쉽지 않은 것이 원인인 경우도 있습니다. 그렇기 때문에 단계적으로 아이가 보이는 문제 행동의 원인을 찾아갈 필요가 있습니다. 우선 기본적으로 고려해야 할 점이 몇 가지 있습니다.

가장 먼저 아이가 몸이 아픈 것은 아닌지, 배가 고프거나 잠을 깊이 못 잔 것은 아닌지 돌아봅니다. 다음으로 최근에 아이가 스트레스에 과다하게 노출되지 않았는지 체크해봅니다. 두 가지 모두 해당 사항이 없다면, 아이가 감각적으로 매우 예민해서 다른 아이들은 그냥 넘어갈 상황에서 과도하게 문제 행동을 보이는 것은 아닌지 판단할 필요가 있습니다. 이때는 아이가 어떤 부분에 유난히 민감한지 3주 정도 관찰해보세요. 감각이 예민한 것은 아닌데 특정 상황에서 유난히 문제를 보인다면, 부모와 소통이 잘 이루어지지 않아서 답답해진 아이가 문제 행동을 보인 것일 수도 있습니다.

또한 아이의 문제 행동의 원인이 언어 발달이 늦거나 성격이 급해서일 수도 있습니다. 주의집중 능력이 낮고 긍정적 정서의 경험이 부족한 경우도 문제 행동을 보입니다. 현재 문제를 일으키는 상황과 유사한 상황에서 부모가 모르는 나쁜 경험을 아이가 했을 수도 있습니다. 또 정서와 행동 조절 능력이 아주 약한 것이 원인일 수도 있습니다. 이처럼 다양한 원인을 아이의 문제 행동과 연결하여 하나씩 하나씩 살피다 보면 아이의 문제 행동을 이해하게 됩니다. 이해가 되면 방법도 찾을 수 있게 되지요. 이 과정에서 부모는 아이를 이해하는 육아감각을 키우게 되고, 문제행동을 즉시 해결하기는 어렵더라도 점차적으로 해결하는 능력도 키우게 될 거랍니다.

심하게 떼쓰며 울어요

아이가 떼를 쓴다는 것은 무엇인가 불편하거나 불만이 있다는 것입니다. 이를 해결하기 위해서는 아이가 무엇을 불편해하는지 무엇이 불만인지 알아보아야 합니다. 그 과정에서 주의할 점이 있습니다. 너무 성급하게 문제를 알아내려고 해서는 곤란합니다. 그러다 보면 재촉하게 되고, 재촉하다 보면 아이와 부딪치면서 2차적인 문제가 유발됩니다.

차분히 3~5분 정도 떼쓰는 것을 지켜봐주세요. 강도 높은 부정적인 감정은 어느 정도 발산할 필요가 있습니다. 그래야 부모의 말도 들립니다. 아이가 떼를 쓸 시간을 허용하는 것은 아이의 조급함도 조절해줍니다. 자신이 떼를 쓴다고 부모가 즉각적으로 반응하는 게 아니라는 걸 경험하면서 욕구 충족의 속도도 조절하게 되지요.

부정적 감정을 어느 정도 발산한 후 아이는 울면서 무엇인가를 이야기하는데, 부모 입장에서는 무슨 말인지 알아듣기 힘든 경우가 많습니다. 그럴 때는 정확하게 알려고 하기보다는 "그래그래." 하면서 마음을 달래주세요. 그런 다음 아이의 마음이나 욕구, 의도를 헤아려서 말해주세요. "그래서 그랬다는 거구나." "그러니까 그것을 해달라는 거네." 하고 말입니다.

이때 감정만 읽어주는 것으로는 부족하며 아이가 바라는 것을 알아차려야 합니다. 문제는 무엇을 말해도 "아니야! 아니라고!" 하면서 도대체 말을 들으려 하

떼쓰면서 우는 아이

지 않고 그 어떤 것으로도 달래지지 않는 경우입니다. 그때는 아이에게 자신의 행동을 선택할 기회를 주세요. 떼를 멈추고 원하는 것을 다시 말할 것인지, 아니면 5~10분 울고 나서 이야기할 건지 아이 스스로 선택하게 하세요. 아무것도 선택하지 않을 경우에는 "네가 떼를 부리는 동안 엄마는 설거지를 하고 있을 거야. 네가 떼를 멈추면 다시 돌아올 거야."라고 말하면 됩니다.

그리고 진정하고 자신의 이야기를 할 때 대답해주면 됩니다. "그래서 그랬던 거구나. 엄마가 아까는 못 알아주었네. 이젠 알았어."라고 말입니다. 그리고 아이가 원하는 것이 해결해줄 수 있는 것이고 타당하면 들어주고, 들어주기 힘들거나 말도 안 되는 요구라면 거절해야 합니다. "엄마가 생각해봐야겠어. 지금은 결정을 못하겠어."라고 말입니다.

아이가 못 받아들여도 이런 과정을 통한 조절 훈련이 필요합니다. 10차례 정도 동일한 방법으로 연습하면, 아이가 자신의 감정이나 욕구, 행동을 조금씩 조절하는 것을 발견하게 됩니다. 떼를 쓰는 아이는 떼로 엄마를 조정하려고 합니다. 떼를 당장 멈추게 하려고 아이의 요구를 즉각적으로 들어주게 되면 점점 더 강하게 떼를 쓰게 되고, 엄마는 아이의 떼에 길들여지게 됩니다. 합리적인 방법으로 엄마가 아이를 이끌어야 합니다. 어떻게 해야 할지 잘 모르겠다면, 주변에 아이를 잘 달래는 육아감각 있는 부모들이 어떻게 하는지 관찰하는 것도 많은 도움이 될 거예요.

아이가 갑자기 물어요

아이가 무는 행동은 부모를 아주 힘들게 합니다. 부모를 물어서 아프게 하는 것도 힘들지만, 어린이집에 가서 다른 아이를 무는 일이 벌어질까 봐 걱정되기 때문입니다. 아무리 타일러도, 아이는 부모의 말이 끝나자마자 곧바로 물기도 합니다. 아이를 심하게 혼낼 수도 없고, 아무리 말해도 알아듣는 건지 못 알아듣는 건지 계속해서 물 때 부모는 화가 나고 마음이 급해집니다. 어린이집을 다니는 경우라면 스트레스가 높아진 오후에 물 확률이 높으므로 낮잠을 충분히 재우도록 선생님에게 부탁하고, 밤에도 일찍 자고 푹 잘 수 있는 환경을 만들어주세요.

무는 아이들은 기질적으로 급하고 성취 욕구가 높으며 무엇이든 자기 맘대로 하려는 특성이 있습니다. 긍정적 정서를 표현할 때는 너무 귀엽고 앙증맞은데, 기분이 나쁘거나 욕구를 참지 못할 때는 그 감정과 욕구를 바람직하지 않은 방법으로 표현해버리지요. 당장 쉽게 할 수 있는 무는 행동으로 부정적 감정과 욕구를 발산하는 것입니다.

육아감각이 발달한 엄마는 평소 아이에게 욕구나 불만이 있는 것을 감지하면 미리 그 욕구나 감정을 읽어줍니다. "○○가 지금 △△이 하고 싶구나." "○○는 지금 화가 나려고 하는 것 같은데, 무엇 때문에 화가 나려고 해?"라고 물어보는 겁니다. 처음에는 효과가 없는 듯하지만 지속적으로 하다 보면 점차적으로 호전되는 것을 알 수 있습니다.

이 방법과 더불어 세 번 정도 반복해서 "물면 안 돼요!"라고 매일매일 이야기해주세요. 그리고 무는 행동 대신 할 수 있는 행동을 제시해주세요. 물지 말고 손을 내밀어서 필요한 것을 달라고 할 수도 있고, 가벼운 공을 바닥에 던지게도 할 수 있습니다. 만 3세 이상이 되면 행동하기 전에 생각하고 말하는 연습을 시키는 것이 정말 중요하고 꼭 필요한 일입니다.

부정적 감정을 무는 행동으로 발산하는 아이

또한 평소에 어떤 목적이 있는 행동을 할 때 절차를 거치는 것을 연습합니다. 예를 들어 "과자를 먹을 때는 먼저 봉지를 뜯고, 과자를 그릇에 담은 뒤, 작은 상에 그릇을 놓고 앉아서 먹는 거야."라고 말이지요. 이렇게 아이에게 먼저 이야기를 해주고 실행 과정을 보여줍니다. 간단한 과정이지만 이 과정을 이해하고 기억하고 생활에 적용하면서, 행동 이전에 생각하고 말하는 것을 연습하게 되고 실행도 가능해집니다.

 그리고 잊지 말아야 할 게 있습니다. 아이들은 한두 번은 말할 것도 없고, 열 번을 말해도 잘 기억하지 못한다는 점입니다. 100번은 이야기해야 들을 거라는 각오로 시작해야 합니다.

모두 내 거라며 욕심을 부려요

'모두 다 내 거'라고 하는 아이는 소유 개념과 자신과 타인을 구분하는 능력이 아직 미분화되어 있는 경우로, 아직 어릴 경우 충분히 나타날 수 있는 행동입니다. 특히 주도성이 강한 아이는 모든 장난감을 자기 맘대로 하고 싶은 욕구가 커서 '모두 다 내 거'라고 고집을 피우기 쉽습니다. 이때 아이가 민망하게 다른 사람들 앞에서 혼을 내주는 것도, 엄마 아빠가 민망해서 아이의 이야기를 다 들어주는 것도 바람직하지 않습니다. 적당히 들어주는 건 필요하지만, 종종 단호하게 이야기할 필요가 있습니다. "○○가 다 가지고 싶어도 지금은 그럴 수 없어. ○○가 울어도 다 줄 수 없어."라고 말입니다. 아이가 울더라도 아이의 욕구를 조절하는 연습이 이루어져야 합니다.

너무 엄격하게 할 필요는 없지만, 평소 소유 개념이 불분명한 아이들에게는 내 것과 남의 것을 조금씩 가르쳐주는 것이 좋습니다. 큰 상자 두 개를 준비한 뒤 아이 물건과 엄마 물건을 몇 개씩 바닥에 늘어놓고 하나씩 상자에 넣는 놀이를 해봅니다. '이건 ○○ 거, 이건 엄마 거.' 하면서 놀이를 하다 보면 어느새 아이는 내 것과 남의 것을 구분하게 됩니다. 내 것과 남의 것을 구분하는 놀이를 한두 달 한 뒤에는 교환하는 놀이를 합니다. 내 것과 남의 것을 교환하는 놀이를 통해 점차적으로 '빌려준다'는 개념을 인식하게 됩니다. 그다음에는 친구들과 빌려주거나 빌리는 놀이를 하

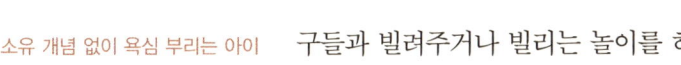

소유 개념 없이 욕심 부리는 아이

면 됩니다.

　자기중심적 성향과 주도성이 너무 강한 아이의 경우 상대방에 대한 배려가 필요하거나 타인이 주도하는 놀이를 따라가는 것이 어려울 수 있습니다. 주도성은 발달에서 필요한 과정이기도 하지만, 주도성 못지않게 상대방이 주도하는 놀이를 따라가는 수용성도 발달해야 건강한 사회성을 키울 수 있습니다. 그러므로 유치원, 어린이집, 학교생활을 잘할 수 있도록 영유아기 때부터 수용하고 주고받는 연습을 하는 것이 필요합니다.

　주고받는 연습은 엄마 아빠와도 일상생활에서 할 수 있습니다. 엄마 아빠와 대칭적인 상호작용을 하면서, 한쪽이 이끄는 것이 아니라 서로 번갈아 가면서 주도적으로 놀이를 진행하게 하는 것입니다. 대칭적 상호작용은 엄마 아빠의 뛰어난 육아감각을 필요로 합니다. 처음에 실수를 하더라도 좌절하지 마시고, 유튜브에서 화제가 된 '쌍둥이 옹알이 동영상'을 참고해서 주고받는 패턴을 숙지하면 도움이 됩니다. 아이는 혼자 하는 것보다 같이 하는 것, 일방적으로 하는 것보다 대칭적으로 주고받는 것이 더 재미있다고 느끼게 됩니다. 이런 과정을 거쳐 아이에게는 멋진 교감 능력이 생기게 되지요.

장난의 정도가 지나쳐요

엄마 아빠 입장에서는 아이의 장난을 어디까지 허용하고 봐줘야 할지 판단하기 어려울 때가 많습니다. '아이니까 이해해줘야겠다.'고 생각했다가도 어느 날에는 '이건 아이라고 해도 너무한 거 아닌가?' 하는 생각이 들 수 있습니다. 예를 들어 엄마 앞에서 컵에 담긴 우유를 바닥에 쏟거나 계란을 바닥에 던져서 깨트려놓고 엄마를 빤히 바라보면서 웃는 행동, 생일 케이크를 손으로 뭉개버리는 행동 등은 귀엽게만 봐주기 힘든 장난이지요.

심한 장난으로 문제 행동을 보이는 아이

'이런 행동은 왜 하는 것일까요?' 엄마 아빠는 궁금합니다. 아이가 몰라서 그러는 건지 혹은 알면서도 자신을 골탕 먹이려고 그러는 건지 알 수 없다고 하지요. 더 큰 문제는 그런 행동으로 인해 부모와 아이의 관계가 나빠지고, 아이가 다른 사람들에게 미움을 받게 되는 것입니다. 이런 장난은 친구들과 놀 때도 당연히 문제가 됩니다.

사실 이런 행동을 하는 아이들의 감정 이면에는 공감과 교감의 경험이 없거나, 자신이 하고 싶으면 해도 된다는 잘못된 생각이 깔려 있습니다. 이런 아이들은 그 연령에 맞는 사회적 판단 능력이 부족하고 공격 성향이 높을 가능성이 많습니다. 그렇기 때문에 이런 특징을 보이는 자녀의 마음을 알기 위한 노력이 더욱 필요합니다. 아이의 감정을 알아차리고, 욕구나 기대를 이해하고, 아이의 마음이 되어 진정으로 공감하고 교감하는 것이 중요합니다. 더불어 그런 행동이 잘못된 행동이라는 것을 알려주어야 합니다.

아이가 지나친 장난을 칠 때는 "뭔가 맘에 안 드는 일이 있었나 보구나. 그래서 그렇게 한 것 같네." "그런데 그럴 때는 그렇게 하는 것이 아니고 맘에 안 든다고 말을 하는 거란다."라고 이야기한 다음 다시 아이에게 물어봐야 합니다. "어떤 것이 맘에 안 들었어? 엄마가 잘 들어봐야겠구나. 엄마에게 이야기해보렴."이라고 말이지요. 이렇게 이야기하면 아이도 자신이 무엇이 맘에 안 들고 무엇을 원하는지 생각해보게 되고, 말하는 과정에서 답답한 감정도 해소되며, 엄마는 아이의 마음을 제대로 알게 됩니다.

이때 주의할 점은, 아이가 잘 이야기하지 못하더라도 끝까지 잘 들어주고 엄마도 노력할 거라는 점을 아이에게 알려주어야 하는 것입니다. 아이에게 너만 잘하라고 말하면 반발감이 들지만, 엄마도 함께 노력할 거라고 말하면 아이의 마음이 열리고 잘하려고 노력하게 됩니다. "그랬어? 엄마가 ○○의 마음을 제대로 알아주지 못했구나. 엄마가 마음공부를 더 열심히 해야겠네."라고 말해주세요. 이런 엄마의 말 한마디는 아이가 노력하게 하는 마법의 표현이라는 것을 잊지 마세요. 이렇게 육아감각을 발휘하여 아이와 교감하는 부모는 아이의 건강한 성장을 돕는 것은 물론이고 부모로서 양육 만족감과 행복감을 동시에 얻을 수 있게 됩니다.

아이와 만나기 전
육아감각 이렇게 준비하세요!

...

육아에서 첫 단추는 임신 전 예비 엄마와 아빠의 몸과 마음, 그리고 육아 환경을 준비하는 것입니다. 오로지 자신의 성장에 심혈을 기울여왔던 예비 엄마 아빠에게는 두 사람의 공통분모를 만들어가는 것도, 자기 성장이 아닌 공유된 삶을 감당하는 것도 어렵게 느껴질 것입니다. 게다가 아이와 놀이를 해보거나 돌본 경험 없이 막연하게 육아가 어렵다는 말만 무성하게 들었으니 더욱 막막할 겁니다. 그래서 '육아는 일보다 힘들고 복잡하다.'고 단정 짓거나, '막상 닥치면 어떻게 되겠지.' 하고 막연하게 회피하기도 할 것입니다.

그러나 육아를 복잡하고 힘들고 어려운 것으로만 생각하지 마세요. 마음과 생각을 열어 육아에 대해 구체적으로 하나씩 알아가다 보면 예비 엄마와 아빠 내면에 숨겨진 육아감각을 발견할 수 있을 것입니다. 아래에 소개하는 몇 가지 생활 방식을 실천하면서 긍정적 육아 유전자를 찾아보세요. 조금씩 육아감각이 생기는 것을 느낄 수 있을 것입니다. 아이와 만나기 전에 미리 이러한 감각을 키우세요. 아이가 정말 기뻐할 거예요.

❶ 아이를 출산하는 것을 삶의 자연스런 과정으로 생각합니다. '선택'이라고 생각하면 선택한 행동에 대한 부적절함, 부담, 후회의 감정을 갖게 될 수 있어요. 아이를 낳는 것은 선택이 아니랍니다.

❷ 아이를 갖기 최소한 6개월 전에 임신과 관련된 건강 체크와 영양 관리를 합니다. 건강검진과 예방접종을 하고, 술·담배·약물을 주의하며, 엽산 등의 영양소를 섭취합니다.

❸ 균형 잡힌 하루 세끼 식사, 늦어도 11시 전에 잠자는 습관을 갖도록 합니다. 임신 중 엄마 아빠의 식생활과 수면 습관은 아이의 섭식과 수면, 스트레스에 영향을 미치기 때문에 미리 좋은 습관을 몸에 익히는 것이 좋습니다.

❹ 무엇이 예비 엄마 아빠의 마음을 평안하고 기쁘게 하는지 작성합니다. 다른 사람들이 좋다고 얘기하는 인위적인 태교보다는 당사자가 평안하고 즐거운 것이 가장 좋은 태교라는 것을 잊지 마세요.

❺ 임신·출산·육아 과정에서 국가와 직장, 지역사회에서 받을 수 있는 혜택과 교육을 알아봅니다. 육아는 개인과 사회가 함께 하는 공동육아 방향으로 가고 있습니다. 주어진 제도와 프로그램을 잘 활용하고, 합리적인 수준의 비용 계획을 짭니다.

❻ 놀이터에서 아이들이 노는 모습을 관찰합니다. 아이가 노는 모습을 보는 것은 다른 무엇으로 대체할 수 없는 특별한 기쁨을 주고, 아이

를 돌보려는 본능을 자극시켜줍니다. 육아 프로그램인 〈슈퍼맨이 돌아왔다〉가 인기가 많은 이유는 시청자들이 프로그램을 통해 돌봄의 본능이 자극되어 아이들의 성장에 환호하게 되고, 아이들만이 줄 수 있는 특별한 생명력 있는 기쁨을 경험하기 때문이지요.

❼ 아이의 다양한 표정이 담긴 사진을 보면서 아이의 표정을 따라해봅니다. 아이의 표정은 어른의 표정보다 사람의 마음을 크게 사로잡습니다. 아이는 아직 언어 발달이 완성되지 않아 비언어적 표현인 표정을 통해 자신의 감정과 욕구를 표현해야 하기 때문에 표정이 살아 있답니다. 아이의 살아 있는 표정을 따라 하다 보면 어른에게 부족한 정서 발달을 촉진할 수 있고 훗날 아이와 소통하는 데 큰 도움이 됩니다.

❽ 만약에 임신 전에 이런 준비를 하지 못했다면, 지금 할 수 있는 것부터 하는 것이 최고의 답이 될 것입니다.

태어날 아이와의 수월한 교감을 위한
6가지 임신 중 생활 규칙

...

아이를 키우는 사람은 신생아의 수면과 수유 패턴이 아이와 부모의 생활과 심리에 얼마나 큰 영향을 미치는지 뼈저리게 경험할 것입니다. 잘 자고 잘 먹는 아이를 키우는 경우, 육아가 힘은 들지만 아이의 폭풍 성장과 천사 미소, 안을 때의 포근함을 경험하면서 안정감과 기쁨을 경험하게 되지요. 그래서 '어, 육아! 할 만하네.' 하는 생각을 갖게 됩니다.

반면에 잘 먹지 않고 재우기 힘든 아이를 키우다 보면 부모는 몸과 마음이 지치고 힘들어집니다. 열심히 먹이고 재우려 하는데 아이가 잘 안 먹고 잘 안 잔다면 부모 역시 잘 자지 못하고 잘 먹지 못하게 됩니다. 당연히 불안해지고 우울해질 수밖에 없지요.

그렇기 때문에 잘 먹고 잘 자는 아이가 태어날 수 있도록 노력해야 합니다. 잘 먹고 잘 자는 아이를 출산하려면 임신 중 몇 가지 생활습관을 지키는 것이 필요합니다. 물론 예외가 있을 수 있지만 꽤 많은 영향을 주기 때문에 무시하지 말고 지키는 것이 현명합니다.

❶ 10시 이전에 잠을 자는, 생체리듬을 고려한 안정적 수면 습관을 가집니다. 임신 기간 중의 수면 습관이 생후 1년간 아이 수면 패턴에 많은 영향을 주기 때문에 산모는 임신 기간 중에 태아를 기준으로 한 수면 습관을 가질 필요가 있습니다.

❷ 숙면을 취할 수 있는 수면 환경을 만듭니다. 자기 전에 먹지 않고, 잠들기 전에 텔레비전이나 스마트폰을 보지 않으며, 습도와 온도를 잘 맞추고, 집 안을 정돈하여 중간에 깨지 않고 쾌적하게 잘 수 있도록 합니다.

❸ 하루 세끼와 간식을 골고루, 규칙적으로, 즐겁고 맛있게 먹습니다. 탯줄을 통해 태아에게 영양이 공급되고, 음식의 맛과 냄새는 태아의 미각과 후각을 자극하지요. 태아는 산모가 음식을 씹는 소리와 대화를 들으며 행복한 식사 시간을 경험하게 됩니다. 행복한 식사의 경험과 엄마의 규칙적인 식사 습관으로 아이의 안정적인 식사 습관을 미리 만들 수 있습니다.

❹ 부드럽고 다정하며 따스한 목소리로 아이와 대화하고 노래를 불러줍니다. 아이가 울거나 놀랐을 때 아이를 달래는 데 매우 효과적인 도구는 엄마의 목소리지요. 태내에서 익히 들었던 엄마의 따스한 목소리는 아이의 심장박동을 안정적으로 만들어줍니다. 몸과 마음의 안정을 찾은 아이는 울음을 그치고 평온함을 느끼게 됩니다.

❺ 규칙적으로 산책하면서 평안하고 상쾌한 시간을 가집니다. 태아는 엄마의 걸음걸이에서 자극을 받아 균형 감각을 키우고, 균형감을 가진 태아는 평안함을 느낍니다. 엄마의 적당한 움직임과 심리적 안정감은 태아의 뇌와 신경전달물질에 긍정적 영향을 주어 건강한 발달을 촉진합니다.

❻ 적당한 긴장감도 출산 후 아이가 태내와 다른 낯선 환경 자극을 극복하는 데 도움을 줄 수 있습니다. 소음과 스트레스가 아예 없는 상태보다는 어느 정도 소음과 스트레스에 노출되는 것이 아이의 출산 후 생활 적응에 도움이 됩니다.

Epilogue

막 피어나는 꽃을 보듯이 내 아이를 바라보아요

컵에 물과 얼음이 담겨 있습니다. 시간이 지나면서 얼음은 녹고 물은 시원해집니다. 얼음 때문에 물이 시원해졌다고 하는 사람도 있고, 물 때문에 얼음이 녹았다고 하는 사람도 있습니다. 둘 다 맞는 말입니다.

아이와 부모의 관계도 마찬가지입니다. 어느 한쪽의 영향력이 결정적이기보다는 서로가 동시에 영향을 주는 관계라고 할 수 있습니다. 차이가 있다면 일정량의 얼음에 대한 물의 양 혹은 물의 온도에 따른 차이가 있을 것입니다. 무엇이 부모이고 무엇이 아이인지 굳이 구분하여 말하자면 물은 부모로, 얼음은 자녀로 말할 수 있습니다.

　물이 서서히 얼음을 녹이듯이, 부모는 엄마의 배 속에서 나와 낯설기만 한 아이가 세상에 적응할 수 있도록 자연스럽게 도와야 합니다. 더구나 아이는 미성숙한 상태로 태어나 스스로 할 수 있는 것이라고는 숨쉬고 먹고 자고 배설하는 것밖에 없습니다. 그런 아이가 낯선 세상에 연착륙할 수 있도록 아이와 호흡을 맞추며 한 걸음 한 걸음 나아가야 합니다. 그렇게 할 때 교감의 황홀한 맛을 경험하게 되지요.

　에리히 프롬Erich Fromm은 이렇게 이야기했습니다.

　"꽃을 사랑한다고 말하면서도 꽃에 물 주는 것을 잊어버린 여자를 본다면 우리는 그녀가 꽃을 사랑한다고 믿지 않을 것이다. 사랑은 사랑하는 자의 생명과 성장에 대한 우리들의 적극적 관심이다. 이러한 적극적 관심이 없으면 사랑도 없다."

　꽃에게는 시선이 필요합니다. 들판에 소리 없이 피어나서 특별히 눈길을 끌지 못하는 들꽃에서부터 땅바닥에 피어난 작디작은 패랭이꽃에 이르기까지 사람의 눈길을 필요로 하지 않는 꽃은 없습니다.

　"날 좀 봐주세요."

아이들도 마찬가지입니다. 아이에게는 사랑과 감격으로 바라 봐주는 부모의 눈길이 필요합니다. 아이가 말하고 웃는 순간에, 아이가 서고 자전거를 타는 순간에, 아이가 엄마와 아빠를 바라보며 도움을 요청하는 모든 순간에 아이를 바라봐주어야 합니다. 그때 비로소 아이는 내 자녀가 되고, 부모와 아이는 행복과 평안을 느낍니다.

아이를 보는 부모의 눈길이 막 피어나는 고운 꽃을 보는 듯한 눈길이면 좋겠습니다. 그 따뜻한 시선은 부메랑처럼 되돌아와서 부모가 힘들 때 위로와 기쁨이 되어줄 거예요.

부모는 삶의 몫에 대한 두 가지의 질문을 통해 자신의 내면을 살펴볼 필요가 있습니다.

'내가 인생을 살면서 가져야 할 몫은 무엇일까?'

'내가 인생을 살면서 감당해야 할 몫은 무엇일까?'

챙길 것과 감당해야 할 것을 제대로 구분해야 건강하고 진정한 행복을 맛볼 수 있을 것입니다. 너무 받을 것만 챙긴다면 어느 틈엔가 탐심이 가득해져 아름다움을 받아들일 마음의 공간이 없어지게 되지요. 나도 모르게 이기적으로 변하며 타인을 생각하는 능력을 상실한 사람이 될 것입니다.

반대로 인생의 숙제와 책임만 감당하는 삶을 살게 된다면 삶이 힘들고 억울하다는 생각이 들 수 있어요. 그래서 삶의 기쁨을 느끼지 못하고 원망감이 가득하여 한탄만 하다가 인생을 허비할 수 있습니다.

특히 아이를 키울 때는 '내가 왜 이렇게 힘들어야 하고, 이 힘든 것을 왜 혼자서 감당해야 하는지 도대체 모르겠다.'는 생각을 하면 울적해지고 화가 나기도 합니다. 나만 무언가 손해를 보는 것 같고, 영원히 육아의 굴레에서 벗어나지 못할 것 같은 답답한 마음도 생깁니다. 그 순간 어떤 마음을 먹느냐에 따라 부모의 인생이 달라질 수 있습니다. 다음 두 가지 질문의 답을 통해 현명한 선택을 해 보세요.

'내가 지금 챙겨야 할 인생의 몫은 무엇일까?'

이 질문의 답은 지금 주어진 부모의 역할을 하면서 건강한 마음을 챙기는 것입니다. 부모의 역할은 선택하는 것이 아니라 주어지는 인간 본연의 역할이라고 생각합니다. 그렇기 때문에 '나만 고생하는데 괜히 아이를 낳았어.' 하는 생각은 바람직하지 않습니다. 고생스럽지만 내가 감당해야 할 몫이고, 괜히 아이를 낳은 것이 아니라 삶의 순리대로 아이를 낳아 키우고 있다고 인정하는 것이 건강한 생각입니다. 그래야 양육자로서 건강한 마음을 가질 수 있고 아이도 그 영향을 고스란히 받으며 성장하게 되지요.

'내가 지금 감당해야 할 인생의 몫은 무엇일까?'

이 질문에 대한 답 역시 중요합니다. 내가 지금 감당해야 할 삶의 몫은 '삶의 생산성'입니다. 생산성이라는 말이 낯설고 불편하게 들릴 수 있지만, 아주 건강하고 좋은 말입니다. 생산성이라 함은 사회와 사람에게 유익한 어떤 일을 하는 것입니다. 노동을 통해 사회의 수많은 필요를 채워주고, 자녀의 출산과 양육을 통해 인류와 사회의 존립을 가능하게 하며, 사랑의 실천을 통해 아름다운 사회를 만들어가는 등의 역할을 하는 것입니다.

쉬운 일, 하고 싶은 일만 하려다 보면 어느 순간 삶의 정체에 빠지게 됩니다. 그리고 서서히 삶의 의미를 찾기가 매우 힘들어집니다. 힘들고 어렵더라도 젊은 날에 감당해야 할 생산성의 몫을 해내다 보면 역량도 커지고, 삶을 건강하게 통합하면서 세상에 무엇인가를 줄 수 있고 나눌 수 있는 멋진 어른으로 성장하게 됩니다. 아이를 키운다는 것은 어린아이 같은 내가 어른이 되어가는 과정이라고도 할 수 있습니다. 장년이 되고 노인이 되었는데도 어린아이와 같다면 과연 귀여울까요? 내 몫을 감당할 때 우리는 비로소 어른이 됩니다.

"아이들을 편한 길로 인도하지는 마옵소서. 그렇지만 아름다운 길로 인도하옵소서."라고 한 교육학자이자 의사인 야누슈 코르착 Janusz Korczac의 말은 많은 것을 생각하게 합니다. 이 말은 아이들에게만 해당되는 것이 아니라, 어른인 부모가 먼저 인식해야 할 삶의 철학입니다.

살아가면서 수많은 일들을 힘들게 견뎌낸 아이와 부모의 삶은 아름답습니다. 비바람이 전혀 없는 땅이 사막이 되는 것처럼, 삶에 아무 일도 일어나지 않는다면 삶도 사막이 될 수 있을 것입니다. 살면서 비바람이 없기를 바라기보다는, 비바람이 있더라도 그것을 잘 감당하고 이겨낼 수 있는 힘을 갖는 것이야말로 모두가 바라야 할 일입니다.

남은 숙제는 그 힘을 잘 찾고 잘 키워가는 것이지요. 확실한 것은 우리 안에 분명히 그 힘이 있다는 것입니다. 부모와 아이 모두에게 말이지요.

그리고 그것은 가정에서부터 시작될 수 있습니다. 부모와 아이 모두 가정이라는 공동체를 통해 서로 반응하고 교감하고 주도하는 과정에서 혼자가 아닌 '너와 나' '우리' '서로'를 경험하게 되니까요. 그러면서 '내 안'에 가족이 들어가고, 가족 안에 '내 존재'가 들어가게 됩니다. 아이 안에 부모가 있고, 부모 안에 아이가 있게 되는 것이지요.

 이 책이 많은 부모들 곁에서 그 과정을 함께할 수 있으면 좋겠습니다. 늘 곁에 놓여 위로가 필요할 때 위로가 되고, 육아감각을 잃었을 때 육아의 등대가 되기를 기대해봅니다. 여러분을 사랑하고 응원합니다.

아이와 교감하고 싶은 부모에게 필요한
육아감각

1판 1쇄 발행 2018년 1월 15일
1판 2쇄 발행 2018년 4월 3일

지은이 백종화
펴낸이 고병욱

기획편집2실장 장선희 **책임편집** 이새봄 **기획편집** 양춘미 김소정
마케팅 이일권 송만석 황호범 김재욱 김은지 양지은 **디자인** 공희 진미나 백은주 **외서기획** 엄정빈
제작 김기창 **관리** 주동은 조재언 신현민 **총무** 문준기 노재경 송민진

교정교열 이현정 **본문 일러스트** 김지애

펴낸곳 청림출판(주)
등록 제1989-000026호

본사 06048 서울시 강남구 도산대로 38길 11 청림출판(주) (논현동 63)
제2사옥 10881 경기도 파주시 회동길 173 청림아트스페이스 (문발동 518-6)

전화 02-546-4341 **팩스** 02-546-8053
홈페이지 www.chungrim.com **이메일** life@chungrim.com
블로그 blog.naver.com/chungrimlife **페이스북** www.facebook.com/chungrimlife

ⓒ백종화, 2018

ISBN 979-11-88700-02-8 (13590)

- 이 책은 저작권법에 따라 보호를 받는 저작물이므로 무단 전재와 무단 복제를 금합니다.
- 책값은 뒤표지에 있습니다. 잘못된 책은 구입하신 서점에서 바꾸어 드립니다.
- 청림Life는 청림출판(주)의 논픽션·실용도서 전문 브랜드입니다.
- 이 도서의 국립중앙도서관 출판예정도서목록(CIP)은
  서지정보유통지원시스템 홈페이지(http://seoji.nl.go.kr)와
  국가자료공동목록시스템(http://www.nl.go.kr/kolisnet)에서 이용하실 수 있습니다.
  (CIP2017030595)